KATHARINA WEIDINGER

MEIN NEON BASTELBUCH

ÜBER 50 LEUCHTENDE KREATIV-PROJEKTE

EMF

EIN BUCH DER EDITION MICHAEL FISCHER

INHALT

HERBST 65

WINTER 91

VORWORT

HI,

ich freue mich sehr, dich durch mein erstes Bastelbuch zu begleiten. Bevor es losgeht, möchte ich mich noch bei dir vorstellen, damit du auch weißt, wer hinter dem NEON-Bastelbuch steckt:

Mein Name ist Kati, ich bin gebürtige Österreicherin und wohne mit meiner Familie in der Nähe von München. Ich habe einen Sohn, der schon zur Schule geht, und eine Tochter, die noch im Kindergarten ist. Zusammen mit den beiden habe ich dieses Buch entworfen. Jedes Projekt wurde von meinen Kindern getestet, und erst wenn die beiden zu hundert Prozent zufrieden waren, durfte die Bastelidee ins Buch einziehen.

Jetzt fragst du dich bestimmt, was dich im NEON-Bastelbuch erwartet. Lass es mich dir erklären: In diesem Buch findest du vielfältige Bastelprojekte rund ums Jahr, von Frühling bis Winter, von Ostern über Halloween bis Weihnachten – es ist für jeden Anlass eine passende Idee dabei. Das Highlight des Buches sind die perfekt eingesetzten Neonakzente. Diese sind das i-Tüpfelchen eines jeden Bastelprojekts.

Ich zeige dir in diesem Buch viele verschiedene Techniken. Es wird mit Neonfarben gemalt und gestempelt, ausgeschnitten, gefaltet, geklebt und verziert. Auch Wegwerfgegenstände wie Klopapierrollen kommen immer wieder zum Einsatz. Denn oft kannst du aus vermeintlichem „Müll" noch tolle Dinge basteln. Damit du jederzeit startklar bist, empfehle ich dir, ab sofort Klopapierrollen und Verpackungen aus Karton zu sammeln. Es ist immer super, einen kleinen Bastelvorrat zu haben. Auch Woll- und Papierreste solltest du zum Basteln aufbewahren.

Ich zeige dir außerdem, wie du mit einfachen Alltagsgegenständen wie Zahnbürste, Löffel oder Gabel kreativ werden kannst. Erkläre dir, was man aus Rasierschaum machen kann und wie du ganz easy selbst die schönsten Pompons wickelst.

Gerne kannst du die Projekte ganz nach deinem Geschmack abwandeln oder erweitern. Lass deiner Kreativität einfach freien Lauf.

Und das Wichtigste zum Schluss, da ich auch mit meinen eigenen Kindern oft dieses Thema habe: Deine Bastelprojekte werden großartig aussehen! Bitte vergleiche sie nicht mit meinen hier in diesem Buch. Ich bin erwachsen und bastle schon etwas länger als du. Und ich hab mir sehr viel Zeit gelassen mit all den Projekten in diesem Buch, damit sie so „perfekt wie möglich" aussehen.

Ich wünsche dir ganz viel Spaß und Vergnügen beim Basteln.

DEINE KATI

Damit auch ein bisschen Realität in dieses Buch kommt, zeige ich dir hier ein paar Beispiele von meinen Kindern. Also vergiss nicht: Genau so, wie du es bastelst, ist es perfekt! Sei stolz auf dich, wenn du ein Projekt fertiggestellt hast. Du wirst mit jedem Bastelprojekt besser. Schneiden, kleben, malen – alles ist Übungssache.

BEVOR ES LOSGEHT

HILFE

Für einige Projekte benötigst du Heißkleber, eine spitze Schere oder ein Cuttermesser. Diese sind mit einem Hilfesymbol gekennzeichnet. Lasse dir dabei von einer erwachsenen Person helfen.

BASTELVORLAGEN

Zu einigen der Beiträge habe ich Bastelvorlagen vorbereitet, damit du diese einfacher nachbasteln kannst. Einen Teil der Vorlagen findest du hinten im Buch (ab S. 120).

Außerdem kannst du dir weitere Vorlagen herunterladen. Zum Download der Vorlagen scannst du den QR-Code oder suchst das Buch unter ***emf-verlag.de*** und klickst dort „Downloads“ an.

Zu manchen Beiträgen gibt es zusätzlich eine Plottervorlage. Diese sind mit dem Plottersymbol gekennzeichnet. Du findest die Vorlagen ebenfalls im Downloadbereich.

PLOTTER

MATERIAL + WERKZEUG

Du fragst dich bestimmt, was meine Bastel-Basics sind. Hier möchte ich sie dir kurz vorstellen:

Superwichtig sind für mich Neonbastelfarben, damit kannst du malen, stempeln und tolle Highlights setzen. Zur einfacheren Anwendung gebe ich immer einen Klecks der benötigten Farben auf ein Stück Karton.

Paint Sticks in Neonfarben dürfen in einem gut sortierten Bastelschrank nicht fehlen. Damit kannst du ganz easy und schnell zauberhafte Projekte umsetzen.

Du solltest immer eine Auswahl an Papier in unterschiedlichen Farben und Stärken haben. Für einfache Bilder oder Dekoelemente auf Basteleien reicht dünneres Papier. Für Boxen, Karten oder größere Bastelprojekte empfehle ich Papier mit ca. 220 g.

Upcycling wird bei mir ganz großgeschrieben. Dafür hebe ich Klopapierrollen, Karton oder alte Zeitungen auf. Ich empfehle dir, diese Materialien in einer Bastelkiste zu sammeln. Du wirst staunen, was du daraus noch alles machen kannst.

Stempeln macht besonders viel Spaß, denn dabei kannst du so richtig kreativ werden. Ich verwende Alltagsgegenstände, die jeder zu Hause hat, wie Schwämme, Wattestäbchen oder Strohhalme.

Auch mit eher ungewöhnlichen Gegenständen kannst du kreativ werden und tolle Bilder malen und stempeln. Ich zeige dir, wie du Gabel, Löffel oder Zahnbürste für deine Bastelprojekte einsetzen kannst.

Eine oft gestellte Frage: Welcher Kleber ist der richtige? Ich sage: Je dünner das Material, desto „egaler" ist es.

Für dünnes Papier reicht ein Klebestick, für Karton, Pfeifenputzer oder Pompons solltest du besser Heißkleber verwenden. Auch flüssiger Bastelkleber ist super. Achte nur darauf, dass du diesen nicht zu dick aufträgst.

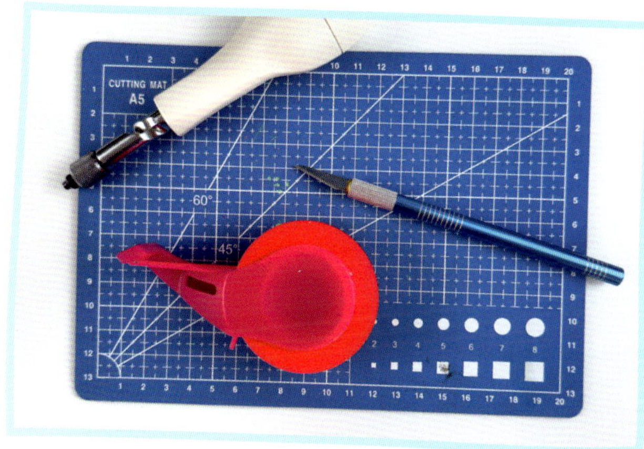

Ein Cuttermesser mit Schneidematte ist für einige Projekte hilfreich. Dafür solltest du dir aber immer Hilfe von einer erwachsenen Person holen. Ein Einlochstanzer ist perfekt, wenn du Löcher in dein Kunstwerk stanzen möchtest, um z. B. einen Faden zum Aufhängen daran zu befestigen. Um etwas abzukleben oder anzukleben, das später wieder entfernt werden soll, verwende ich Schrift-Markierungsbänder. Diese lassen sich easy wieder abziehen und beschädigen das Papier nicht.

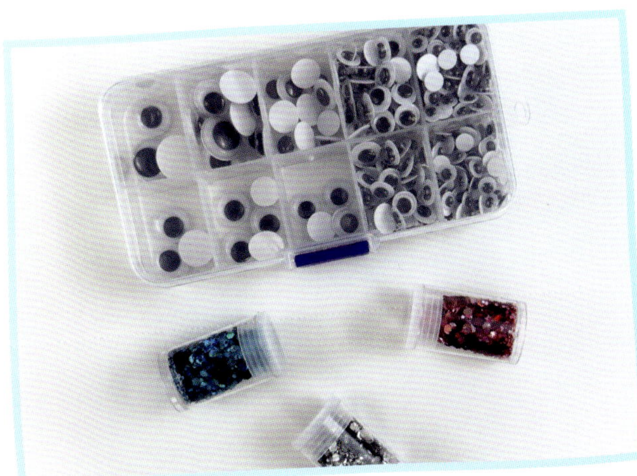

Wackelaugen sind super, um deinen Kunstwerken ein lustiges Gesicht zu geben, am besten besorgst du dir einen kleinen Vorrat in unterschiedlichen Größen und Formen. Zum Verzieren verwende ich gerne Glitzer in verschiedenen Farben.

FRÜHLING

OB OSTERN ODER GESCHENKE ZUM MUTTER- UND VATERTAG – DER FRÜHLING BIETET VIELE SCHÖNE ANLÄSSE ZUM BASTELN UND KREATIVSEIN.

GLITZERNDE BLUMENWIESE

HOLE DEN FRÜHLING IN DEIN ZIMMER

DAS SCHÖNSTE IM FRÜHLING IST DIE GROẞE VIELFALT AN BUNTEN BLUMEN. MIT DIESEM BILD WIRD AUCH DEIN ZIMMER AUFBLÜHEN UND ZUSÄTZLICH NOCH FUNKELN UND GLITZERN.

DAS BRAUCHST DU

- Papier in Weiß
- Neonbastelfarben
- Make-up-Schwämmchen
- Wattestäbchen
- Glitzer
- Evtl. Klebestift

SO GEHT'S

Make-up-Schwämmchen sind perfekt, um Blumen zu stempeln. Bereite dir deine Bastelfarben auf Karton vor und tupfe mit dem Schwamm vorsichtig in die Farbe.

TIPP: SOLLTEST DU KEINEN MAKE-UP-SCHWAMM ZUR HAND HABEN, KANNST DU EBENSO EINEN PUTZSCHWAMM IN DIESE FORM SCHNEIDEN ODER EINE KARTOFFEL VERWENDEN.

Jetzt kannst du deiner Kreativität freien Lauf lassen und bunte Blumen auf das Papier stempeln. Je nachdem, wie du den Schwamm benutzt bzw. wie groß die Abstände zueinander sind, entstehen hier verschiedene Formen.

Mit einem Wattestäbchen zauberst du anschließend noch Stängel und Blätter.

Solange die Farbe noch nicht getrocknet ist, streust du direkt im Anschluss etwas Glitzer auf die Blumen. So bekommen sie einen einzigartigen Look.

TIPP: SOLLTE DIE FARBE BEREITS TROCKEN SEIN, KANNST DU MIT EINEM KLEBESTIFT ETWAS KLEBER AUF DIE BLUMEN TUPFEN, BEVOR DU DEN GLITZER VERTEILST.

LEUCHTENDER REGENBOGEN

FRÖHLICH-BUNTER STEMPELSPAß MIT KORKEN

EINEN REGENBOGEN AM HIMMEL ZU SEHEN, IST JEDES MAL EIN TOLLES EREIGNIS, AUCH FÜR ERWACHSENE. DAMIT DU DICH IMMER ÜBER DEN LEUCHTENDEN REGENBOGEN FREUEN KANNST, BRINGEN WIR DIESEN HEUTE ZU PAPIER.

DAS BRAUCHST DU

- Papier in Weiß
- Bleistift
- Neonpapier
- Neonbastelfarben
- Korken

SO GEHT'S

Male dir auf das weiße Papier mit Bleistift einen Regenbogen vor. Achte darauf, dass genug Abstand zwischen den Linien ist. Jetzt kannst du den ersten Korken vorsichtig in die Farbe eintauchen.

TIPP: VERWENDE GLEICH GROßE KORKEN, DAMIT DAS ERGEBNIS SCHÖNER AUSSIEHT.

Stempel nun von innen nach außen entlang der vorgemalten Linien.

Der äußere Bogen dauert am längsten. Zum Schluss achte darauf, dass du dich nicht mit der Hand in die nasse Farbe legst. Wenn die Farbe getrocknet ist, kannst du deinen Regenbogen aufhängen.

SCHNECKE AUS WOLLRESTEN

UPCYCLING-WICKELSPAß

WOLLE IST NICHT NUR ZUM STRICKEN UND HÄKELN GEEIGNET, SONDERN AUCH ZUM WICKELN. EINE TOLLE ÜBUNG, WELCHE DIE FEINMOTORIK STÄRKT – MIT EINEM ERGEBNIS, DAS SICH SEHEN LASSEN KANN.

DAS BRAUCHST DU

- Karton
- Bleistift
- Schere
- Wollreste in Neonfarben
- Permanentmarker in Weiß
- Stift in Schwarz
- Evtl. Wackelaugen
- Kleber
- Evtl. Heißkleber
- Pfeifenputzer

SO GEHT'S

1

Als Erstes malst du dir auf den Karton mit deinem Bleistift eine Schnecke vor. Achte darauf, dass das Schneckenhaus rund ist. Danach trennst du mit deiner Schere den Körper vom Häuschen der Schnecke.

2

Lege den Anfang der Wolle mittig auf den Kreis und befestige ihn mit einem Stück Klebestreifen.

3

Nun kann der Wickelspaß auch schon beginnen. Umwickle den Kreis so lange mit Wolle, bis die gesamte Fläche abgedeckt ist und alle Farben gut ersichtlich sind.

4

Male der Schnecke noch ein Gesicht auf und befestige anschließend das Haus und Fühler aus Pfeifenputzern mit Kleber am Körper. Falls du Heißkleber verwenden möchtest, bitte dafür eine erwachsene Person um Hilfe.

FRÖHLICHE FINGERPRINT-VÖGEL

WER ZWITSCHERT HIER VOM AST HERUNTER?

LUST AUF MALEN MIT DEN FINGERN? AB UND ZU DARF DER PINSEL AUCH EINFACH MAL RUHEN, UND DEINE FINGER WERDEN ZU DEN HAUPTAKTEUREN.

DAS BRAUCHST DU

- Neonbastelfarben
- Vorlage **Ast**
- Papier in Weiß
- Filzstift in Braun
- Stift in Schwarz

SO GEHT'S

Verwende die Bastelvorlage oder male dir Äste auf ein Blatt Papier vor. Gebe nun die Neonbastelfarben auf ein Stück Karton und tauche deinen Finger in die erste Farbe. Es reicht, wenn du die Farbe nur leicht berührst.

Im Anschluss tupfst du mit deinem Finger auf den Ast und platzierst somit deinen ersten Vogel. Wiederhole dies, bis auf allen Ästen bunte Fingerprints zu sehen sind.

TIPP: LEGE EIN ALTES TUCH NEBEN DICH, DAMIT DU ZWISCHENDRIN DEINE FINGER SAUBER MACHEN KANNST UND NICHT AUS VERSEHEN UNGEWOLLTE FINGERPRINTS AUFS BLATT BRINGST.

Nach einer kurzen Trockenphase kannst du deine Vögel noch nach Belieben gestalten. Male ihnen niedliche Gesichter, lass sie Musik pfeifen, tanzen oder auch schlafen.

BUNTE GLÜCKSBRINGER

SÜSSE MARIENKÄFER AUS PAPIER

DIE KLEINEN GEPUNKTETEN KÄFER SIND BELIEBTE GLÜCKSBRINGER. ICH ZEIGE DIR HIER, WIE DU BUNTE MARIENKÄFER AUS PAPIER GANZ EINFACH SELBST BASTELN KANNST.

DAS BRAUCHST DU

- Vorlage **Marienkäfer**
- Schere oder Zirkel
- Buntes Neonpapier
- Schwarzes Papier
- Kleber

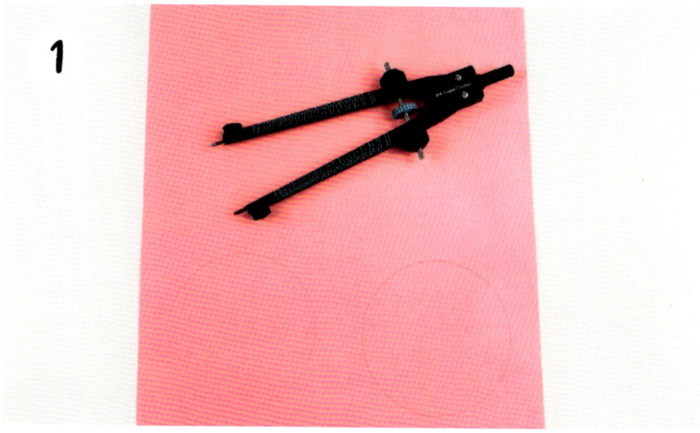

TIPP: DU HAST SCHON ERSTE ERFAHRUNGEN MIT DEM ZIRKEL GESAMMELT? PRIMA, DANN KANNST DU AUCH DIESEN VERWENDEN, UM DIE KREISE VORZUZEICHNEN.

Übertrage die Vorlage auf dein Papier. Du brauchst den Körper in Schwarz und für die Flügel 2 Kreise in der gleichen Farbe.

Wenn du die Zirkelvariante gewählt hast, lege dir im Anschluss den bunten Kreis auf ein schwarzes Papier und male den Körper des Marienkäfers.

Nun werden alle Kreise in der Mitte gefaltet.

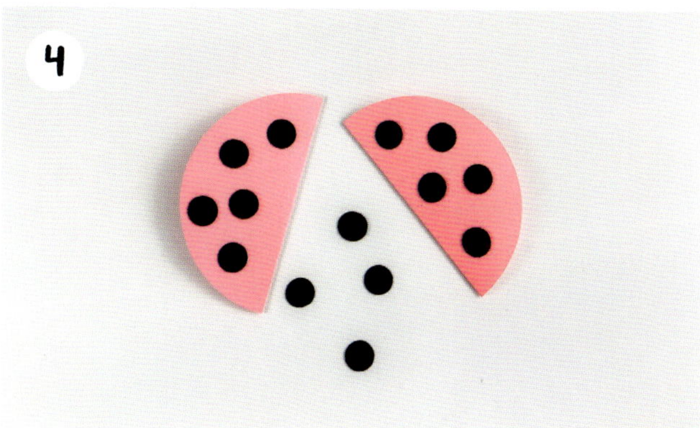

Die Halbkreise kannst du jetzt mit schwarzen Punkten verzieren. Nimm so viele, wie es dir am besten gefällt. Zum Schluss klebst du die Flügel auf den Körper, ein Paar Wackelaugen dazu und schon ist dein Marienkäfer fertig.

STRAHLENDER REGENBOGEN-BAUM

STEMPELSPAß MIT PAPIERSTROHHALMEN

STROHHALME SIND EIGENTLICH ZUM TRINKEN GEDACHT. ABER ICH ZEIGE DIR, WIE DU DAMIT GANZ EINFACH EINEN STRAHLENDEN BAUM STEMPELN KANNST.

DAS BRAUCHST DU

- Papierstrohhalm
- Schere
- Vorlage **Baum**
- Neonbastelfarben

SO GEHT'S

Bevor du loslegen kannst, verwandelst du deinen Strohhalm in einen Stempel. Schneide den Strohhalm hierzu fünfmal ein. Der Einschnitt sollte ca. 1–1,5 cm lang sein.

TIPP: NACH DEM EINSCHNEIDEN KANNST DU DEN STROHHALM VORSICHTIG AUF DEN TISCH DRÜCKEN, DAMIT DU BEIM STEMPELN EINE GLEICHMÄßIGE BLÜTE BEKOMMST.

Nach den Vorbereitungen beginnt nun der spaßige Teil. Tunke den Strohhalm in die Farbe und stemple damit den ersten Ast.

Für jede weitere Farbe empfehle ich dir, entweder einen neuen Strohhalm zu nehmen, die Rückseite des Strohhalms ebenfalls einzuschneiden oder den Strohhalm zu teilen.

FLATTERNDER SCHMETTERLING

MAGISCHE ZAUBERBILDER MIT ALUFOLIE

MIT ETWAS ALUFOLIE VERWANDELST DU DEINEN WEIßEN SCHMETTERLING IN EINEN KUNTERBUNT LEUCHTENDEN FALTER, DER DURCH DEN WÄSCHEKLAMMERTRICK SOGAR MIT SEINEN FLÜGELN SCHLAGEN KANN.

DAS BRAUCHST DU

- Alufolie
- Marker in Neonfarben
- Sprühflasche
- Vorlage **Schmetterling**
- Schere
- Kleber
- Wäscheklammer

TIPP: MALE AM BESTEN VON OBEN NACH UNTEN, DAMIT SICH DIE FARBEN NICHT ZU SEHR VERMISCHEN. SONST WIRD DER SCHMETTERLING SPÄTER BRAUN.

Mit dem Marker malst du ein Stück Alufolie (etwa in der Größe des Schmetterlings) bunt an.

Hast du flächendeckend alles angemalt, nimm die Sprühflasche und sprühe etwas Wasser auf die gesamte Fläche.

Lege die ausgedruckte Schmetterlingsvorlage mit der bedruckten Seite nach unten auf die Alufolie und ziehe sie dann vorsichtig wieder ab.

Wenn die Farbe getrocknet ist, kannst du den Schmetterling ausschneiden.

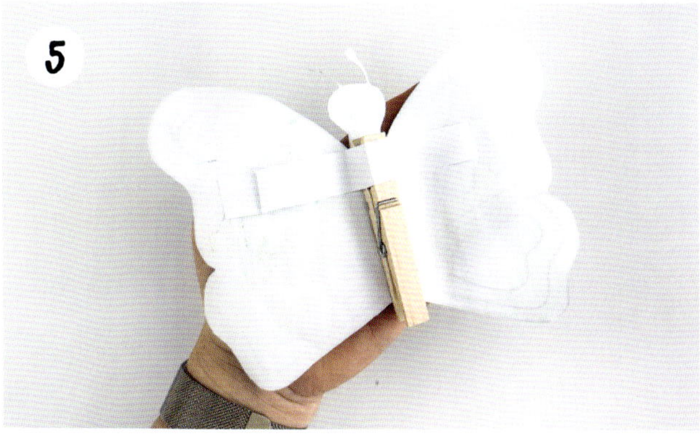

Damit dein Schmetterling „fliegen" kann, klebst du die Wäscheklammer mittig auf die Rückseite und befestigst darüber einen Papierstreifen. Wenn du die Klammer drückst, werden die Flügel zusammen- und auseinandergezogen.

VOGEL-FENSTERBILDER

LASS BUNTE SONNENSTRAHLEN IN DEIN ZIMMER

PLOTTER

ÖFFNE DEINE VORHÄNGE ODER ROLLOS UND HOLE DIR MIT DIESEN VÖGELN BUNTE SONNENSTRAHLEN IN DEIN ZIMMER. EINE SCHÖNE BASTELIDEE ZUM FRÜHLINGSANFANG, DIE SCHON BEIM AUFSTEHEN GUTE LAUNE VERBREITET.

DAS BRAUCHST DU

- Vorlage **Vogel**
- Bleistift
- Neonpapier
- Schere
- Buchschutzfolie
- Großes Transparentkonfetti
- Wackelaugen

TIPP: DAMIT DEIN VOGEL VON INNEN UND AUßEN PERFEKT AUSSIEHT, BENÖTIGST DU VON JEDER FARBE ZWEI VÖGEL.

Übertrage mithilfe der Vorlage den Vogel auf das Neonpapier. Schneide den Vogel entlang der Außenlinie aus. Danach schneidest du vorsichtig den Innenteil heraus, damit dieser mit Konfetti befüllt werden kann.

Schneide dir ein Stück Buchschutzfolie in der Größe deines Vogels zu, ziehe die Schutzschicht ab und klebe den Vogel darauf. Diesen kannst du nun von links nach rechts mit Konfetti befüllen.

Ist der Innenteil vollständig mit Konfetti beklebt, tupfst du etwas Kleber auf den Umriss und befestigst den zweiten Vogel darauf.

Zum Schluss klebst du noch einmal Buchschutzfolie auf die andere Seite, damit das Fensterbild stabiler wird. Ein Wackelauge und ein kleiner Schnabel machen den Vogel vollständig, und er ist nun bereit, dein Fenster zu verschönern.

TIPP: DAMIT DEIN VOGEL AM FENSTER HAFTET, MUSS DIESER NUR GANZ LEICHT BEFEUCHTET WERDEN. DU WIRST SEHEN, WIE GUT ER HÄLT. WENN DU DEINE VÖGEL WIEDER ABNEHMEN MÖCHTEST, VERPACKE SIE IN KLARSICHTFOLIE. SO KANNST DU SIE IM NÄCHSTEN JAHR WIEDER VERWENDEN.

NIEDLICHES OSTERKÜKEN

WER SCHLÜPFT DENN DA?

OSTERN

DAS TOLLE AN DER OSTERBASTELEI IST, DASS MAN VIELE BUNTE FARBEN UND VOR ALLEM AUCH GLITZER EINSETZEN KANN. AUS NUR WENIGEN MATERIALIEN ENTSTEHEN DABEI SO TOLLE PROJEKTE WIE DIESES SCHLÜPFENDE KÜKEN.

DAS BRAUCHST DU

- Neonpapier in Grün, Gelb und Orange
- Bleistift
- Schere
- Flüssigkleber
- Wackelaugen
- Glitzer

Schneide aus dem grünen Neonpapier ein Osterei aus. Du kannst die Form vorher mit einem Bleistift vorzeichnen.

Als Nächstes malst du mithilfe eines runden Gegenstandes (z. B. Glas) einen Kreis mittig auf das Ei. Schneide nun von der Mitte aus Zacken in diesen Kreis. Wenn du die Zacken umknickst, entsteht ein Loch.

TIPP: STICH MIT EINEM SPITZEN GEGENSTAND IN DIE MITTE DES KREISES, SO KANNST DU DIE ZACKEN LEICHTER IN DAS EI SCHNEIDEN.

Das Osterei klebst du anschließend auf das gelbe Papier. Wenn der Kleber getrocknet ist, kannst du rundherum den gelben Rand abschneiden.

Zum Verzieren malst du mit Flüssigkleber ein Muster auf das Ei. Noch bevor der Kleber getrocknet ist, streust du den Glitzer darauf. Das Küken bekommt zum Schluss noch einen Schnabel aus Papier sowie Wackelaugen, und schon ist dein süßes Ostergeschenk fertig.

LECKERE HASEN-LOLLIS

SÜßE OSTERÜBERRASCHUNG

OSTERN

PLOTTER

NEBEN DEN LECKEREN OSTEREIERN GEHÖREN AUCH SÜßIGKEITEN ZU OSTERN DAZU. ALS KLEINE AUFMERKSAMKEIT EIGNEN SICH DIESE LOLLIHALTER SUPER ZUM VERSCHENKEN AN DEINE FREUND*INNEN.

DAS BRAUCHST DU

- Neonpapier in bunten Farben (DIN- A4-Format)
- Vorlage **Lollihalter**
- Bleistift
- Schere
- Cuttermesser mit Unterlage
- Prickelnadel
- Stift in Schwarz
- Wackelaugen
- Lollis
- Kleber

Falte das Neonpapier deiner Wahl einmal in der Mitte.

Übertrage nun mit der Vorlage den Hasen auf das Papier und schneide diesen im Anschluss aus.

Nun kannst du das Loch in der Mitte herausschneiden, sodass man den Lolli später sehen kann. Am einfachsten geht dies mit einem Cuttermesser, aber auch mit einer Schere ist es machbar. Bitte dafür eine erwachsene Person um Hilfe.

TIPP: ES IST EINFACHER, WENN DU DIE KREISE EINZELN AUSSCHNEIDEST UND DEN HASEN AN DIESER STELLE NICHT MEHR DOPPELT NIMMST.

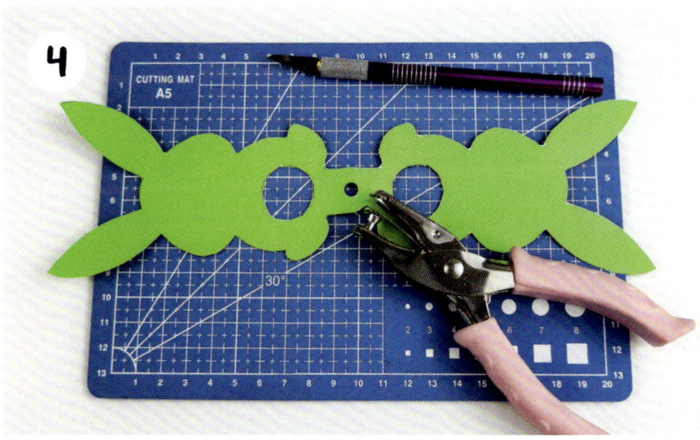

Das Loch für den Stiel kannst du ausprickeln. Nun malst du deinem Hasen noch ein hübsches Gesicht, klebst Wackelaugen auf und steckst den Lolli hinein. Klebe die beiden Teile anschließend an den Ohren zusammen, und schon ist dein kleines Ostergeschenk fertig.

PUSTE-OSTERHASE

AN DIE STROHHALME, FERTIG LOS!

OSTERN

PLOTTER

MIT NEONWASSERFARBEN KANNST DU TOLLE PUSTEBILDER MACHEN. SCHNAPP DIR EINEN STROHHALM, HOLE EINMAL TIEF LUFT, UND SCHON KANN ES LOSGEHEN.

DAS BRAUCHST DU

- Neonwasserfarben
- Vorlage **Hase**
- Klebestreifen
- Papier in Weiß (DIN-A4-Format)
- Pinsel
- Neon-Pompon
- Strohhalm
- Klebestreifen
- Schere

Schneide die Hasenvorlage aus und klebe sie auf der Rückseite mit einigen Röllchen Klebestreifen mittig auf dein weißes A4-Papier.

Befeuchte deinen Pinsel in einem mit Wasser befüllten Becher und kreise damit in der Farbe. Du solltest möglichst viel von dieser aufnehmen.

TIPP: DIE FARBE SOLLTE SEHR FLÜSSIG SEIN, DAMIT DU DANACH LEICHTER PUSTEN KANNST.

Male jetzt mit dem Pinsel einen breiten Streifen am Rand der Vorlage. Solltest du das Gefühl haben, es ist zu wenig, gib ruhig nochmal etwas Farbe dazu.

Nimm den Strohhalm und halte diesen ziemlich flach zu dem gemalten Streifen. Eins, zwei, drei: Puuuust! Wiederhole Schritt 3 und 4 so lange, bis du den ganzen Hasen gepustet hast. Wenn die Wasserfarben trocken sind, kannst du die Vorlage vorsichtig ablösen. Nun benötigt der Hase nur noch einen Puschel, und schon ist er fertig.

OSTERTIERE IM STREIFEN-LOOK

PERFEKTE VERWENDUNG VON PAPIERRESTEN

OSTERN

JEDER HAT SIE DAHEIM: PAPIERRESTE. OFT WEIß MAN NICHT, WAS MAN DAMIT ANFANGEN SOLL, ABER ES GIBT SEHR VIELE MÖGLICHKEITEN, DIE RESTE ZU VERWENDEN. EINE IDEE SIND DIESE SÜßEN OSTERTIERE AUS PAPIERSTREIFEN.

DAS BRAUCHST DU

- Neonpapier
- Kraftpapier
- Wackelaugen
- Schere
- Kleber

SO GEHT'S

Schneideübungen sind für jede flinke Bastelhand wichtig. Schneide aus dem bunten Neonpapier viele dünne Streifen und achte dabei darauf, dass diese in etwa gleich breit sind.

Das Kraftpapier kannst du nun entweder einfach nehmen, oder du faltest es in der Mitte und bastelst somit eine Osterkarte.

TIPP: WENN DU KEIN KRAFTPAPIER ZU HAUSE HAST, KANNST DU ALTERNATIV AUCH KARTON VERWENDEN.

Achte darauf, dass deine Streifen nicht länger sind als deine Karte. Sollte dies der Fall sein, passe die Länge entsprechend an.

Klebe zuerst ein „Plus" mittig auf das Kraftpapier. Nun klebst du die weiteren Streifen über Kreuz so auf, dass ein Kreis entsteht. Jetzt fehlen nur noch die Wackelaugen und ggf. Ohren oder Schnabel, und schon sind die Ostertiere fertig.

TIPP: KLEBE BUNTE PAPIERSTREIFEN MIT ETWAS ABSTAND AUF EIN WEIßES BLATT UND SCHNEIDE DANN EIN OSTEREI AUS. DIESES KANNST DU NUN AUF EINE KARTE KLEBEN ODER MIT EINEM FADEN AN DEN OSTERSTRAUß HÄNGEN.

ZEITUNGS-OSTERHASE

UPCYCLING-IDEE FÜR ALTPAPIER

OSTERN

DIE MEISTEN LESEN IHRE ZEITUNG UND WERFEN DIESE DANACH WEG. DU KANNST ALTPAPIER ABER SUPER FÜR DEINE UPCYCLING-BASTELPROJEKTE VERWENDEN.

DAS BRAUCHST DU

- Kraftpapier
- Bleistift
- Kreis- und Herzstanze
- Zeitung
- Klebestift
- Neonpapier
- Pompon
- Papier in Schwarz und Weiß
- Pfeifenputzer in Weiß
- Schere

SO GEHT'S

Skizziere auf dem Kraftpapier einen Osterhasenkopf.

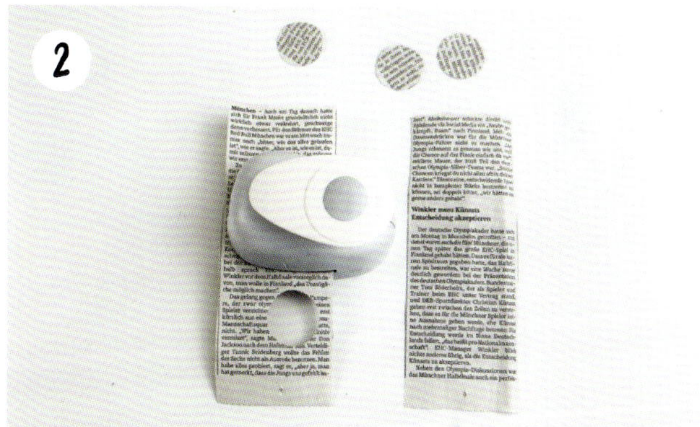

Mit der Kreisstanze stanzt du nun viele Kreise aus Zeitungspapier aus.

Beklebe nun den gesamten Hasenkopf mit den Zeitungskreisen. Arbeite hier von außen nach innen und von oben nach unten.

Stanze für jede Blume vier Herzen aus Neonpapier aus und klebe sie auf den Hasenkopf. In der Mitte befestigst du einen Pompon. Klebe nun noch ein Gesicht aus schwarzem und weißem Tonpapier auf, befestige weiße Pfeifenputzer als Barthaare, und schon ist dein Hase fertig.

FLAUSCHIGE POMPON-TIERE

PERFEKTE DEKO FÜR DEN OSTERSTRAUCH

OSTERN

POMPONS WERDEN SEHR HÄUFIG ZUM BASTELN EINGESETZT. DU KANNST DIESE KAUFEN, ABER SIE SELBST HERZUSTELLEN MACHT VIEL MEHR SPAß. PROBIER'S AUS!

DAS BRAUCHST DU

- Wolle in bunten Neonfarben
- Pompon-Maker
- Schere
- Tonpapier in Schwarz und Orange
- Heißkleber

SO GEHT'S

1

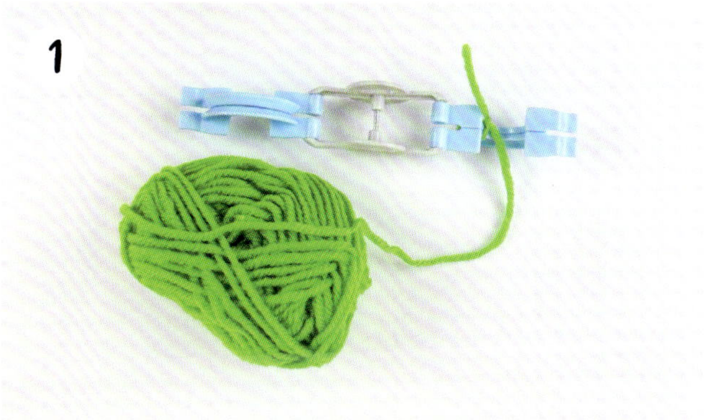

Lege deinen Pompon-Maker geöffnet vor dich, umwickle ihn einmal mit der Wolle und verknote diese.

2

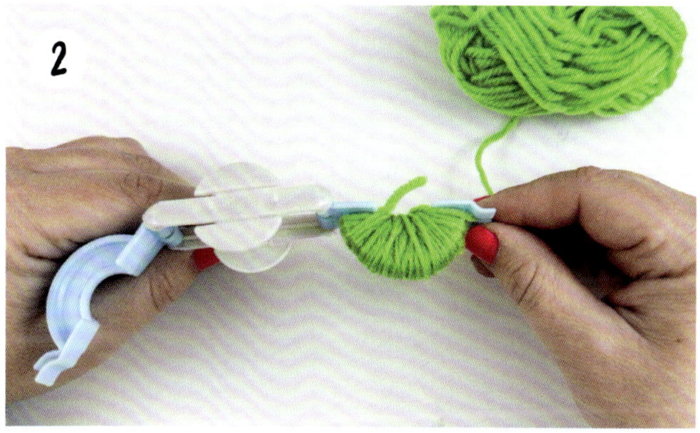

Umwickle diese Hälfte so lange, bis der Pompon-Maker nicht mehr zu sehen ist und mittig die Wolle ungefähr so hoch ist wie dieser. Wenn die Seite fertig ist, achte darauf, dass die Wolle rechts außen endet.

TIPP: JE DICHTER DU WICKELST, DESTO FLAUSCHIGER WIRD DER POMPON.

3

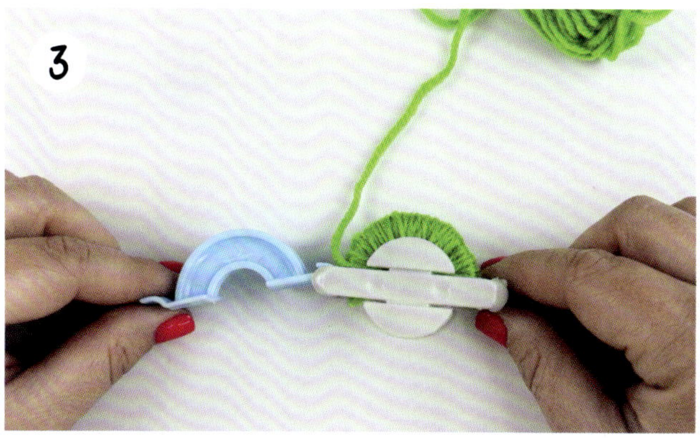

Klappe nun die erste Hälfte zu.

AUF DER NÄCHSTEN SEITE GEHT'S WEITER

WEITER GEHT'S

Jetzt ist die zweite Hälfte an der Reihe, auch diese wird so lange umwickelt, bis sie dicht genug mit Wolle bedeckt ist.

Klappe die Seite zu und schneide den Wollfaden ab.

Dieser Teil ist etwas tricky: Verwende dafür eine Bastelschere und hole dir eventuell Hilfe von einer erwachsenen Person. Die Wolle muss nun in der Mitte aufgeschnitten werden. Ist der Anfang am Rand gemacht, hilft die Mittelrille beim weiteren Schneiden. Drehe den Pompon-Maker um und wiederhole diesen Schritt auch auf der anderen Seite.

Ist alles aufgeschnitten, benötigst du nun einen langen Wollfaden. Umwickle damit in der Mitte den Pompon-Maker, verknote einmal (noch nicht zweimal) ...

TIPP: DU KANNST DEINE POMPON-TIERCHEN AN DEN OSTERSTRAUß HÄNGEN ODER ALS ANHÄNGER FÜR DEINE OSTERGESCHENKE VERWENDEN.

... und ziehe auf beiden Seiten so fest an, wie du kannst. Achtung: Das feste Zusammenziehen ist der wichtigste Schritt. Sitzt der Faden zu locker, wird der Pompon später auseinanderfallen. Wenn der Faden straff genug angezogen ist, verknotest du ihn.

Klappe im nächsten Schritt die Außenteile auf.

Um den Pompon endgültig zu lösen, zerlegst du den Pompon-Maker vorsichtig in der Mitte.

Geschafft! Verpasse dem Pompon mit der Schere einen gleichmäßigen Schnitt, und schon ist er fertig.

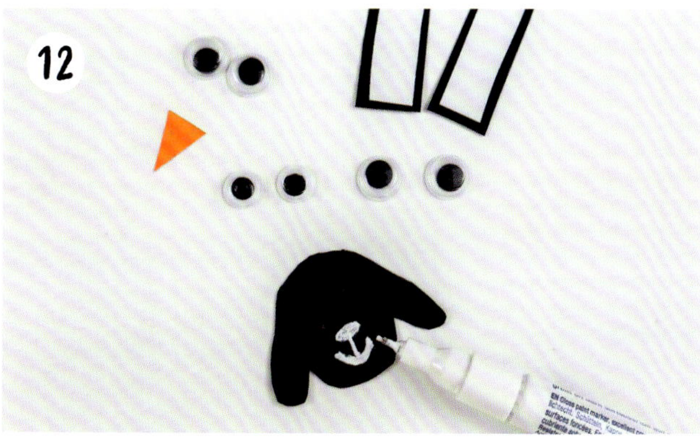

Schnapp dir nun dein Tonpapier und schneide Schafskopf, Hasenohren und Schnabel aus.

Bitte für diesen Schritt eine erwachsene Person um Hilfe. Befestige alle Teile mit Heißkleber am Pompon und schon sind deine Ostertiere fertig.

REGENBOGEN-PAPIERHERZ

PERFEKT ALS SÜßER GESCHENKE-TOPPER

MUTTER-TAG

NICHT NUR ZUM MUTTERTAG PASSEN DIESE HERZEN WUNDERBAR, SIE SIND AUCH EINE SCHÖNE DEKORATION FÜR DEINE GESCHENKVERPACKUNGEN. IN DEN LEUCHTENDEN REGENBOGENFARBEN WERDEN SIE ZUM ABSOLUTEN HINGUCKER.

DAS BRAUCHST DU

- Neonpapier
- Tacker
- Schere oder Schneidemaschine
- Evtl. Lineal
- Kleber

TIPP: WENN DU DICH FÜR DIE SCHERE ENTSCHEIDEST, EMPFEHLE ICH DIR, MIT EINEM LINEAL STRICHE VORZUZEICHNEN, AN DENEN DU DANN ENTLANGSCHNEIDEN KANNST.

Da es bei diesem Bastelprojekt von Vorteil ist, wenn die Streifen gleichmäßig sind, kannst du gerne eine Schneidemaschine verwenden. Mit der Schere funktioniert es aber auch genauso gut. Die Streifen sollten ungefähr 1,5–2 cm breit sein. Pro Herz benötigst du fünf Streifen.

Sind die Streifen geschnitten, werden diese in der Mitte gefaltet. Lege sie nun übereinander und schneide bei jedem Streifen ein Stück ab, sodass sie vom ersten bis zum letzten Streifen immer kleiner werden.

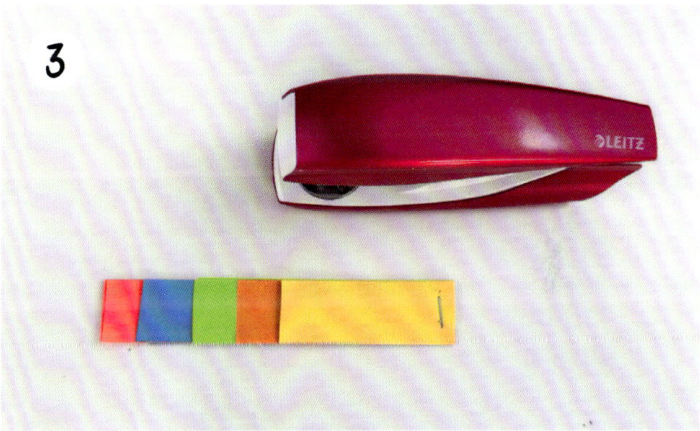

Lege die Streifen aufeinander. Der längste Streifen liegt dabei ganz unten und die geschlossene Seite zeigt nach rechts. Nun kannst du sie am oberen Rand zusammentackern.

Zum Schluss formst du aus den Streifen ein Herz. Beginne mit dem kürzesten Streifen und klebe das Herz direkt unten zusammen. Dies wiederholst du nun bei jeder Schicht, und schon ist dein Herz fertig, und du kannst es verschenken.

EIN STRAUSS VOLLER HERZEN

LIEBE ZUM VERSCHENKEN

MUTTERTAG

BLUMEN, DIE NICHT VERWELKEN UND AUCH NOCH IN HERZFORM? JA, DAS GIBT ES! DIESER STRAUß IST EINE HERZIGE ÜBERRASCHUNG FÜR DEINE LIEBSTEN.

DAS BRAUCHST DU

- Neonpapier in Rosatönen
- Bleistift
- Schere
- Pfeifenputzer in Neongrün
- Kraftpapier im DIN-A4-Format

Zu Beginn scheidest du die Herzen für deinen Strauß aus. Falte dafür das Papier in der Mitte und zeichne ein halbes Herz darauf. Ausschneiden, aufklappen und schon hast du ein ganzes Herz. Das geknickte Herz verleiht dem Bild einen schönen 3D-Look.

TIPP: SCHNEIDE DIR HERZEN IN VERSCHIEDENEN GRÖẞEN AUS. DAS LOCKERT DAS GESAMTBILD AUF.

Damit die Blumenstängel aus Pfeifenputzern genug Platz haben, legst du diese als Erstes auf das Kraftpapier.

Zum Schluss klebst du deine Herzen auf das Kraftpapier. Bevor du alles final befestigst, schaue, welche Anordnung dir am besten gefällt. Ein Blumentopf aus Papier macht dein Bastelprojekt komplett.

TIPP: WENN DU HEIẞKLEBER VERWENDEST, HALTEN DIE HERZEN BESSER AUF DEM PAPIER. BITTE HIERFÜR EINE ERWACHSENE PERSON UM HILFE.

HILFE

VARIANTE

DU KANNST DAS FERTIGE BILD AUCH IN EINEN BILDERRAHMEN GEBEN UND SO VERSCHENKEN. DANN KANN MAN DIE BLUMEN AUFHÄNGEN UND SICH JEDEN TAG DARÜBER FREUEN, WENN MAN SIE SIEHT.

BUNTER HERZBAUM

EIN BAUM VOLLER LIEBE

MUTTER-
TAG

DEINE HAND WIRD JEDES JAHR GRÖßER UND IRGENDWANN KANNST DU DICH NICHT MEHR DARAN ERINNERN, WIE KLEIN SIE EINMAL WAR. IN DIESEM PROJEKT VEREWIGST DU SIE. DEKORIERT MIT BUNTEN HERZEN, IST SIE EIN GROßARTIGES MUTTERTAGSGESCHENK.

DAS BRAUCHST DU

- Tonpapier in Braun
- Bleistift
- Papier in Weiß (A4-Format)
- Schere
- Kleber
- Paint Sticks
- Zeitungspapier

SO GEHT'S

Lege deine Hand auf das braune Tonpapier und fahre diese mit einem Bleistift nach. Wenn du mit dem Ergebnis zufrieden bist, kannst du deinen Handbaum ausschneiden und auf das weiße Papier kleben.

Für die Herzblüten bemalst du das Zeitungspapier mit den Paint Sticks in Neonfarben. Suche dir dafür am besten Stellen mit möglichst klein geschriebenem Text aus.

TIPP: WÄHREND DU MIT DER EINEN HAND MALST, KANN DIE ANDERE HAND DAS ZEITUNGSPAPIER ETWAS SPANNEN, DAMIT ES NICHT REIßT.

Falte das Zeitungspapier und schneide vorsichtig halbe Herzen aus. Zum Schluss klebst du die Herzen rund um deine Hand, und fertig ist dein herziges Geschenk. Viel Spaß beim Verschenken!

SOMMER

DIESE FRÖHLICH-BUNTEN BASTELPROJEKTE SIND PERFEKT FÜR REGNERISCHE SOMMERTAGE UND ZAUBERN DIR DIREKT EIN LÄCHELN AUFS GESICHT.

FARBENFROHER KREPP-SCHMETTERLING

FLATTERNDER BASTEL- UND SPIELSPAß

ERST DIE ARBEIT, DANN DAS VERGNÜGEN: NACHDEM DU DIESEN SÜßEN SCHMETTERLING GEBASTELT HAST, KANNST DU MIT IHM IM WIND SPIELEN.

DAS BRAUCHST DU

- Klopapierrolle
- Neonpapier
- Schere
- Klebestreifen
- Vorlage **Schmetterling**
- Neon-Pompons
- Neon-Pfeifenputzer
- Bunte Krepppapierstreifen (ca. 2 cm breit)
- Wackelaugen

1

Umwickle die Klopapierrolle mit einem Papier deiner Wahl.

2

Mit Klebestreifen kannst du das Papierende festkleben. Natürlich kannst du dafür auch Kleber verwenden.

3

Nachdem die Rolle mit Papier eingewickelt ist, musst du dieses nicht abschneiden. Knicke die Enden einfach vorsichtig nach innen in die Rolle.

4

Falte nun dein farbiges A4-Papier in der Mitte und lege die Vorlage darauf. Mit einem Bleistift kannst du sie übertragen und dann ausschneiden. Nun klebst du die bunte Rolle mittig auf die Flügel.

5

Dekoriere den Schmetterling mit Pfeifenputzern, bunten Pompons und Wackelaugen. Zum Schluss klebst du die Krepppapierstreifen unten in die Klopapierrolle. Hole dir dafür eventuell Hilfe von einer erwachsenen Person.

TIPP: WENN DU DEN SCHMETTERLING IM WIND FLIEGEN LASSEN MÖCHTEST, BASTLE DIR AUS PFEIFENPUTZERN ODER EINER SCHNUR NOCH EINE HALTERUNG.

TANZENDE NEON-BIENEN

STEMPELBILDER MIT KARTOFFELDRUCK

MIT KARTOFFELN KANNST DU TOLLE STEMPELBILDER ZAUBERN? DU BENÖTIGST DAFÜR NUR NEONBASTELFARBE UND EIN BLATT PAPIER.

DAS BRAUCHST DU

- Kartoffel
- Messer
- Neonbastelfarbe in Gelb
- Schwammtupfer
- Papier in Weiß
- Stift in Schwarz

SO GEHT'S

Schneide deine Kartoffel in der Mitte durch. Tupfe mit dem Schwamm gleichmäßig die Farbe auf die Kartoffel. Alternativ kannst du die Farbe auch mit deinen Fingern auftragen. Achte darauf, dass du nicht zu viel Farbe verwendest.

TIPP: LASS DIE KARTOFFEL ETWAS TROCKNEN, BEVOR DU SIE ZUM STEMPELN VERWENDEST. SO BEKOMMST DU SCHÖNERE ERGEBNISSE BEIM DRUCK.

Anschließend presst du mit etwas Druck die Kartoffel auf dein weißes Blatt Papier. Hebe sie wieder vorsichtig an, damit du nicht verrutschst.

Nach einer kurzen Trockenzeit ergänzt du mit dem schwarzen Stift lustige und fröhliche Gesichter. Auch der Stachel und die Flügel dürfen natürlich nicht fehlen.

TIEFENENTSPANNTE QUALLE

LASS UNS IN DIE UNTERWASSERWELT EINTAUCHEN

QUALLEN SIND FASZINIERENDE TIERE. MIT ETWAS KREATIVITÄT BRINGST DU DIESE QUIRLIGE NEON-QUALLE AUCH AN LAND ZUM LEUCHTEN.

DAS BRAUCHST DU

- Karton
- Bleistift
- Lochzange
- Wolle in bunten Neonfarben
- Kreisstanze
- Papier in Weiß
- Kleber
- Stifte in Schwarz und Rot

Zum einfacheren Ausschneiden skizziere zuerst einen Quallenkopf auf dem Karton. Das Gesicht sollte nicht rund sein, sondern unten eine gerade Linie haben.

Mithilfe der Lochzange werden nun Löcher in die gerade Seite gestanzt. Hierfür kannst du auch eine erwachsene Person um Hilfe bitten.

Mit der Schere schneidest du dir gleich lange Wollfäden (etwa 60 cm) in unterschiedlichen Farben zurecht. Nimm den ersten Faden doppelt und stecke ihn von unten in eines der Löcher, sodass oben eine Schlaufe herauskommt.

Stecke die Enden des Fadens durch die Schlaufe und ziehe ihn fest. Dies wiederholst du nun, bis du an jedem Loch einen Faden befestigt hast.

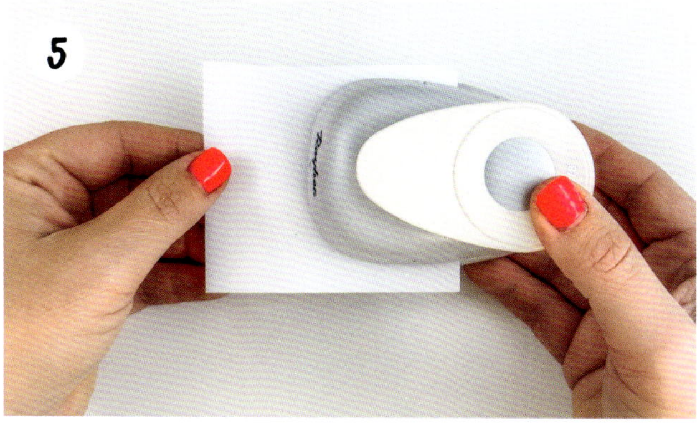

Stanze für die Augen zwei weiße Kreise aus dem Papier aus. Alternativ kannst du diese auch mit der Schere ausschneiden.

Male mit dem schwarzen Stift zwei Pupillen auf die Augen und klebe diese auf den Kopf der Qualle. Nun kannst du noch ein Gesicht aufmalen, und schon ist deine Neon-Qualle fertig.

LUSTIGE LÖFFEL-MONSTER

STEMPELSPAß MIT LÖFFELN

MIT LÖFFELN ZU STEMPELN MACHT RIESIGEN SPAß. MIT DIESER TECHNIK KÖNNEN BEREITS DIE KLEINSTEN TOLLE MONSTER-BILDER ERSCHAFFEN.

DAS BRAUCHST DU

- Kraftpapier
- Neonbastelfarben
- Löffel
- Stift in Schwarz
- Wackelaugen

SO GEHT'S

1

Gib bunte Kleckse von der Bastelfarbe auf das Kraftpapier. Du solltest eine Unterlage verwenden, da die Farbe bei dieser Technik etwas spritzen kann.

2

Nun klopfst du mit der Rückseite deines Löffels so lange in die einzelnen Farbkleckse, bis jeweils ein großer Klecks entsteht. Du kannst hier auch kreativ werden und verschiedene Formen stempeln.

3

Wenn die Farbe getrocknet ist, kannst du die Wackelaugen anbringen. Kombiniere verschiedene Formen, das macht die Monster einzigartig. Zum Schluss malst du noch Arme, Beine und einen Mund auf, und schon sind die Löffel-Monster fertig.

TIPP: VERWENDE FÜR JEDE FARBE EINEN EIGENEN LÖFFEL ODER MACHE DEN LÖFFEL ZWISCHENDURCH MIT EINEM TUCH SAUBER. SO KÖNNEN SICH DIE EINZELNEN FARBEN NICHT VERMISCHEN.

KNALLIGE KATZEN

EINE KATZENFAMILIE MIT NUR EINEM WISCH

HAST DU SCHON EINMAL DIE ABZIEH- ODER WISCHTECHNIK AUSPROBIERT. SIE GEHT SUPERSCHNELL, UND DU KANNST DAMIT IM NU COOLE KUNSTWERKE ZAUBERN.

DAS BRAUCHST DU

- Papier in Weiß
- Karton
- Neonbastelfarben
- Stift in Schwarz

SO GEHT'S

Schneide den Karton in drei Stücke. Diese sollten in etwa so groß sein wie eine Kreditkarte. Lege nun die Kartonstücke auf dein Blatt, so kannst du dir den Platz besser einteilen. Mit der Neonfarbe ziehst du über dem Karton die obere Silhouette eines Katzenkopfes.

TIPP: VERWENDE FÜR JEDE KATZE EINEN FRISCHEN KARTON. SO BLEIBEN DEINE HÄNDE SAUBER, UND DIE FARBEN KÖNNEN SICH NICHT VERMISCHEN.

Setze nun den Karton über der Farbe an und ziehe diesen vorsichtig runter. Achte darauf, dass du dies mit einem Schwung machst, ohne abzusetzen. Wiederhole diesen Schritt nun für alle Katzen.

Wenn die Katzen getrocknet sind, kannst du ihnen mit einem schwarzen Stift noch Augen und Nase malen. Probiere verschiedene Augen aus, so erhältst du unterschiedliche Gesichtsausdrücke.

PFLEGELEICHTER KAKTUS

ZAUBERE KAKTEEN MIT DEINEM HANDABDRUCK

MANCHMAL MACHT ES EINFACH SPAß, MIT DEN HÄNDEN ZU MALEN. MIT DEINEN HANDABDRÜCKEN KANNST DU DIESE LUSTIGEN KAKTEEN AUFS PAPIER ZAUBERN.

DAS BRAUCHST DU

- Neonbastelfarbe in Grün
- Schwammtupfer
- Neonpapier in Orange
- Schere
- Kleber
- Wackelaugen
- Permanentmarker in Weiß

SO GEHT'S

Betupfe deine Hand mithilfe eines Schwamms mit grüner Farbe. Strecke deine Finger aus, damit du auch auf die gesamte Hand grüne Farbe auftragen kannst.

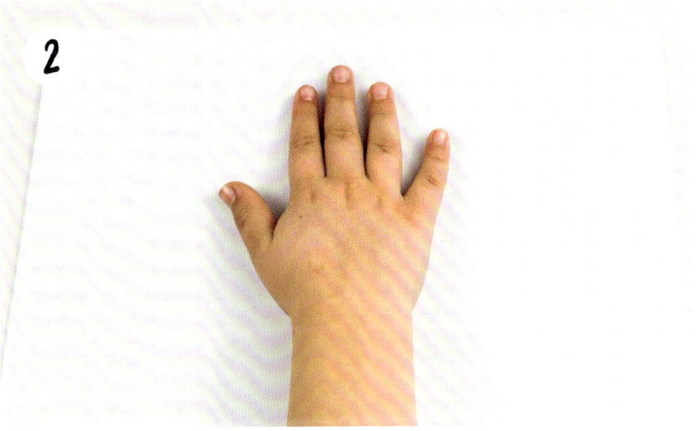

Überlege dir, wo du deine Kakteen platzieren möchtest, lege deine Hand dann vorsichtig auf das Papier. Mit der anderen Hand kannst du nun Finger und Handfläche etwas andrücken. Hebe deine Stempelhand wieder an, und fertig ist dein erster Kaktus.

Wiederhole diesen Schritt nun für die anderen Kakteen. Damit etwas Dynamik in das Bild kommt, ist es von Vorteil, wenn du beide Hände für die Abdrücke verwendest und die Kakteen in unterschiedlichen Höhen platzierst.

Aus dem orangefarbenen Papier schneidest du verschiedene Blumentöpfe aus und verzierst sie mit dem Permanentmarker. Zum Schluss platzierst du die Töpfe unter den Handabdrücken, klebst Wackelaugen auf, und schon sind die Kakteen fertig.

GETUPFTE SCHILDKRÖTE

KREATIVER STEMPELSPAß

MIT EINEM SELBST GEBASTELTEN STEMPEL KANNST DU DIESER SÜßEN SCHILDKRÖTE EINEN TOLLEN NEON-PANZER STEMPELN. PROBIER'S AUS!

DAS BRAUCHST DU

- Karton
- Bleistift
- Klopapierrolle
- Luftpolsterfolie
- Gummiringe
- Schwammtupfer
- Neonbastelfarben
- Permanentmarker in Schwarz

Zu Beginn zeichnest du dir mit einem Bleistift den Umriss einer Schildkröte auf deinem Karton vor.

Nun bastelst du dir den Stempel: Nimm dazu die Klopapierrolle und lege ein Stück Luftpolsterfolie darüber. Diese fixierst du mit einem Gummiring.

Mit dem Schwammtupfer trägst du nun die Farbe auf die Folie auf und drückst deinen Stempel anschließend auf den Karton.

Für ein exakteres Ergebnis kannst du auch jeden einzelnen Kreis der Luftpolsterfolie mit einem Wattestäbchen bemalen.

Stemple nun so lange mit unterschiedlichen Farben, bis der gesamte Panzer der Schildkröte gefüllt ist.

Zum Schluss umrandest du die Schildkröte noch mit einem schwarzen Marker, klebst ein Wackelauge auf, und schon ist dein Kunstwerk fertig.

FROSCH- ODER DOCH LESEKÖNIG?

DEIN PRAKTISCHER LESEBEGLEITER

LESERATTEN AUFGEPASST! ICH ZEIGE DIR, WIE DU DIR IM NU EINEN TOLLEN LESEBEGLEITER BASTELST, DER DIR IMMER DIREKT ZEIGT, AUF WELCHER SEITE DU GERADE BIST.

DAS BRAUCHST DU

- Neonpapier in Gelb und Grün
- Bleistift
- Kreisstanze
- Wackelaugen
- Kleber
- Cuttermesser
- Schere

1

Bevor du mit deinem nächsten Buch startest, male dir auf das grüne Papier einen Kopfumriss vom Frosch und auf das gelbe Papier eine Krone auf und schneide alle Teile aus.

2

Mit der Kreisstanze stanzt du nun zwei grüne Augen aus. Durch die Kreise heben sich die Augen etwas stärker ab, was den Frosch niedlicher wirken lässt.

TIPP: WENN DU KEINE KREISSTANZE ZU HAUSE HAST, NIMM EINEN KORKEN ALS VORLAGE UND SCHNEIDE DANN DIE KREISE AUS.

3

Als Nächstes klebst du alle Teile zusammen, sodass das Gesicht des Frosches entsteht. Anstatt Wackelaugen zu verwenden, kannst du diese auch aufmalen.

4

Damit der Frosch sich auch auf deiner Buchseite festklammern kann, braucht er einen riesigen Mund. Male diesen erst einmal mit Bleistift vor. Bitte nun eine erwachsene Person, den Mund mit einem Cuttermesser auszuschneiden. Alternativ kannst du auch eine kleine Schere verwenden. Viel Spaß beim Lesen!

HERBST

BUNTE BLÄTTER, KÜRBISZEIT UND NATÜRLICH HALLOWEEN – DIESE BASTELPROJEKTE PASSEN PERFEKT ZUR GOLDENEN JAHRESZEIT.

RUCKZUCK-IGEL

GARANTIERT NICHT STACHELIG

DIESE SÜßEN IGEL SIND SUPERSCHNELL GEBASTELT – DAS PERFEKTE HERBST-PROJEKT FÜR DIE KLEINSTEN.

DAS BRAUCHST DU

- Papier in Weiß
- Bleistift
- Paint Sticks
- Kraftpapier
- Schere
- Stift in Schwarz

SO GEHT'S

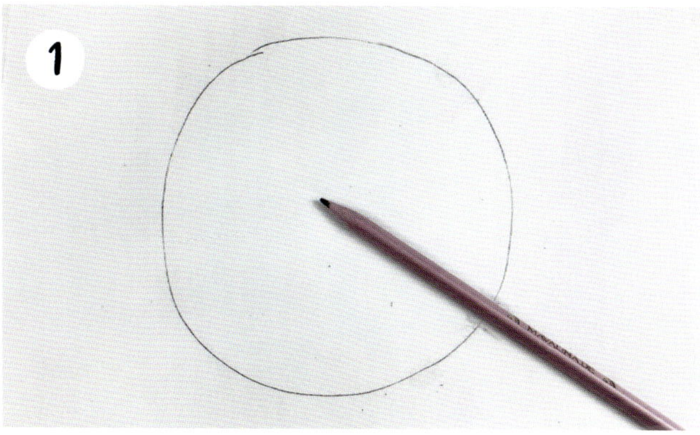

Damit du weißt, wo der Igelkörper später sein wird, zeichne mit einem Bleistift einen eher ovalen Kreis mittig auf dein Blatt Papier.

Als Nächstes zeichnest du mit den Paint Sticks, von der Mitte des Kreises ausgehend, ganz viele Striche in verschiedenen Farben.

TIPP: RECHTSHÄNDER: MALE VON LINKS NACH RECHTS, DAMIT DU DICH NICHT MIT DER HAND IN DIE FEUCHTE FARBE LEGST. LINKSHÄNDER: GENAU UMGEKEHRT.

Aus dem Kraftpapier schneidest du ein Herz, welches als Kopf dienen wird, sowie zwei kleine Pfötchen aus. Male Augen und Nase auf, klebe die einzelnen Teile auf die bunten Striche und schon ist der knallige Igel fertig.

REGENBOGEN-PÜNKTCHEN-FUCHS

KUNTERBUNTES HERBSTBASTELN

DIE FARBEN DES REGENBOGENS SEHEN IMMER TOLL AUS – AUCH IM HERBST. UND MIT DEM SÜSSEN PÜNKTCHEN-MUSTER IST DIESER FUCHS EIN ABSOLUTER HINGUCKER.

DAS BRAUCHST DU

- Karton
- Bleistift
- Schere
- Filzstift in Schwarz
- Neonbastelfarben
- Wattestäbchen

SO GEHT'S

1

Male mit dem Bleistift einen Fuchs auf deinen Karton. Ich empfehle dir das größte Stück Karton, das du zu Hause finden kannst. Achte darauf, dass der Schwanz des Fuchses schön groß ist, denn dieser soll das Highlight werden.

2

Wenn du mit dem Fuchs zufrieden bist, kannst du ihn ausschneiden, den Umriss mit einem schwarzen Filzstift nachziehen und ein Gesicht aufmalen. Das gibt dem Gesamtbild mehr Kontrast.

TIPP: VERWENDE HIERFÜR EINEN DICKEN FILZSTIFT. JE DICKER DER STRICH, DESTO MEHR LEUCHTEN SPÄTER DIE FARBEN.

3

Jetzt beginnt der Stempelspaß: Verwende für jede Farbe ein eigenes Wattestäbchen und betupfe den Schwanz des Fuchses. Du kannst entweder, so wie ich, im Regenbogenstil oder einfach wild durcheinandertupfen. Beide Varianten sehen toll aus!

DEKORATIVE MOTIVBLÄTTER

FARBENFROHE HERBSTGIRLANDE BASTELN

AUS BUNTEM MOTIVPAPIER KANNST DU GANZ EASY HÜBSCHE BLÄTTER AUSSCHNEIDEN – DIE PERFEKTE DEKORATION FÜR DEN HERBST.

DAS BRAUCHST DU

- Motivpapier
- Bleistift
- Schere
- Kleber
- Schnur
- Klebestreifen

SO GEHT'S

Such dir dein liebstes Motivpapier aus und falte es einmal in der Mitte.

Mit einem Bleistift malst du dir nun eine Blatthälfte auf das Papier und schneidest das Blatt entlang der Linie aus.

Um dem Blatt eine Struktur zu geben, werden jetzt ganz kleine Schnitte ins Papier gemacht. Alternativ zur Bastelschere kannst du hier auch eine Nagelschere verwenden.

Aus den Papierresten kannst du nun einen Stängel zurechtschneiden und unten an das Blatt kleben. Befestige alle Blätter mit etwas Klebestreifen an einer Schnur. Je mehr Blätter du ausgeschnitten hast, desto größer und farbenfroher wird deine Girlande.

GLITZER-REGENSCHIRM

KUNTERBUNT DURCH DEN REGEN TANZEN

WAS WÄRE DER HERBST OHNE REGEN? RICHTIG, ES WÄRE KEIN RICHTIGER HERBST. UM DEM TRÜBEN WETTER ZU TROTZEN, BRINGT DIESER BUNTE REGENSCHIRM FARBE IN DIE HERBSTZEIT.

DAS BRAUCHST DU

- Neonpapier
- Zirkel
- Schere
- Heißkleber
- Neon-Pfeifenputzer
- Flüssigkleber
- Glitzer

Zeichne mit dem Zirkel 6 Kreise mit einem Durchmesser von 12 cm auf dein Neonpapier. Die Kreise können gerne unterschiedliche Farben haben.

Hast du alle Kreise ausgeschnitten, werden diese in der Mitte gefaltet, sodass je ein Halbkreis entsteht.

Klebe nun 3 der Halbkreise aufeinander und drücke sie fest zusammen. Anschließend werden sie in der Mitte auseinandergeschnitten. Diesen Schritt wiederholst du auch mit den 3 anderen Kreisen.

Als Stiel für den Schirm verwendest du einen Pfeifenputzer. Klebe die 4 Bestandteile des Schirms nacheinander mit der Hilfe einer erwachsenen Person mit Heißkleber an den Pfeifenputzer.

Als kleines Highlight kannst du deinen Schirm zum Schluss noch verzieren. Gib mit dem Flüssigkleber kleine Punkte auf den Schirm und bestreue diese anschließend mit Glitzer. Lass den Kleber immer gut trocknen, bevor du auf der nächsten Seite weitermachst.

ZAUBERHAFTE EULEN

FARBENFROH UND LICHTDURCHLÄSSIG

DIESE SÜßEN EULEN SIND DIE PERFEKTE HERBSTDEKO. WENN DU DIE KUNSTWERKE AN DEIN FENSTER HÄNGST, BRINGT DIE SONNE SIE ZUM STRAHLEN.

DAS BRAUCHST DU

- Vorlage **Eule**
- Neonpapier
- Papier in Schwarz und Weiß
- Bleistift
- Schere
- Seidenpapier
- Kleber

SO GEHT'S

Übertrage die Vorlage mithilfe eines Bleistifts auf das Papier deiner Wahl und schneide die einzelnen Teile anschließend aus.

Lege den Eulenkörper auf das Seidenpapier, zeichne den Kreis nach und schneide diesen mit ca. 0,5 cm Abstand zur Linie aus.

TIPP: FÜR DAS AUSSCHNEIDEN DES KREISES EIGNET SICH EINE NAGELSCHERE. SIE IST KLEINER, UND SOMIT KANNST DU GENAUER SCHNEIDEN.

Klebe das Seidenpapier von hinten auf den Bauch der Eule.

Drehe die Eule nun um und klebe alle weiteren Teile auf. Die Eulen eignen sich besonders gut als Fensterbilder, da das Licht durch ihren Bauch scheint.

GEDREHTER KÜRBIS

FEINMOTORIKÜBUNG FÜR KINDERHÄNDE

IM HERBST DÜRFEN KÜRBISSE NICHT FEHLEN. DIE ORANGEFARBENEN HINGUCKER MACHEN SICH NICHT NUR GUT IM SUPPENTOPF, SONDERN AUCH ALS BASTELMOTIV.

DAS BRAUCHST DU

- Tonpapier in Schwarz
- Bleistift
- Papier in Neonorangetönen, Grün und Braun
- Schere
- Kleber
- Wattestäbchen
- Bastelfarbe in Neongrün und -orange

SO GEHT'S

1

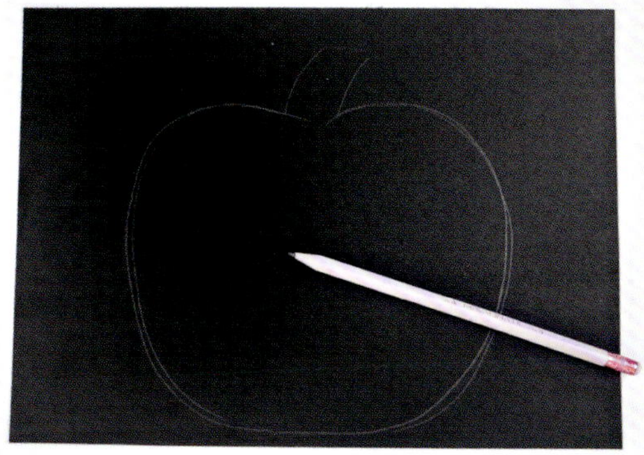

2

Zeichne als Erstes mit einem Bleistift den Umriss eines Kürbisses mittig auf das schwarze Papier.

Mit der Schere schneidest du ca. 15–20 Streifen von dem orangefarbenen Papier zurecht. Meine sind ca. 1–1,5 cm breit. Die Streifen dürfen auch unterschiedlich breit sein, das ist kein Problem.

TIPP: JE DÜNNER DAS PAPIER, DESTO LEICHTER LÄSST ES SICH EINDREHEN.

3

4

Bevor nun der erste Streifen gedreht wird, befestigst du ihn mit Kleber am Rand des Kürbisses auf dem schwarzen Papier und knickst ihn leicht. Drücke den Streifen mit dem Finger fest und drehe ihn vorsichtig mit der anderen Hand. Wiederhole dies so lange, bis dein Kürbis vollständig mit Streifen gefüllt ist.

Nun kannst du dein Kunstwerk mit einem gepunkteten Rand verzieren. Tupfe die Punkte mit einem Wattestäbchen auf das Papier. Zum Schluss bekommt der Kürbis noch Stängel und Blätter, und schon ist dein Bild fertig.

DROLLIGE FLEDERMAUS

DIE WOHL SÜẞESTE FLEDERMAUS, DIE ES GIBT

HALLOWEEN

HAST DU SCHON MAL EINE FLEDERMAUS GESEHEN? DIE KLEINEN TIERCHEN MÜSSEN NICHT IMMER GRUSELIG SEIN. DU KANNST DIR GANZ EINFACH EINE SUPERNIEDLICHE FLEDERMAUS BASTELN, VOR DER GARANTIERT NIEMAND ANGST HABEN WIRD.

DAS BRAUCHST DU

- Neonpapier in Pink (2 Bögen im DIN-A4-Format)
- Papier in Schwarz
- Klopapierrolle
- Stift in Schwarz
- Schere
- Kleber

SO GEHT'S

Lege das Neonpapier im Hochformat vor dir auf den Tisch. Es wird nun wie eine Ziehharmonika gefaltet. Die Falten sollten eine Breite von ca. 1 cm haben.

Knicke die Ziehharmonika in der Mitte und klebe die Seiten zusammen. Schon ist der erste Flügel fertig. Diese Schritte wiederholst du nun noch mit dem zweiten pinken Neonpapier.

Schnapp dir die Klopapierrolle und male Gesicht und Bauch deiner Fledermaus auf. Aus dem restlichen Papier kannst du nun noch Ohren ausschneiden.

Als Letztes werden Ohren und Flügel an die Rolle geklebt. Halte den ersten Flügel fest an die Klopapierrolle gedrückt, er sollte ungefähr auf Mundhöhe beginnen. Das überschüssige Papier schneidest du ab und klebst den Flügel dann an der Rolle fest. Wenn du alle Einzelteile befestigt hast, ist deine süße Fledermaus auch schon fertig.

KUNTERBUNTER GEISTERSPASS

FÄRBEN MIT KREPPPAPIER

WUSSTEST DU, DASS DU MIT KREPPPAPIER FÄRBEN KANNST? MIT DIESER COOLEN TECHNIK KANNST DU GANZ EASY LUSTIGE BUNTE GEISTER GESTALTEN.

DAS BRAUCHST DU

- Vorlage **Geister**
- Schere
- Karton als Unterlage
- Neon-Krepppapier
- Sprühflasche mit Wasser
- Gummihandschuhe

SO GEHT'S

1

Drucke die Geistervorlage aus und schneide die Geister grob aus. Als Unterlage solltest du unbedingt einen dicken Karton verwenden, damit dein Tisch nicht dreckig wird. Noch bevor das Krepppapier zum Einsatz kommt, besprühst du den Geist mit etwas Wasser.

2

Reiße kleine Stücke von deinem Krepppapier ab und platziere sie auf dem Geist. Nun besprühst du erneut alles mit Wasser.

3

Wiederhole dies so lange, bis der gesamte Geist mit Krepppapier bedeckt ist. Nun kommen die Handschuhe zum Einsatz: Drücke das Papier noch einmal kräftig an und lasse es anschließend trocknen.

4

Nach ein paar Stunden Trockenzeit kannst du das Krepppapier abziehen und dich über deinen kunterbunten Geist freuen. Schneide ihn zum Schluss noch aus, und schon ist deine Halloween-Deko fertig.

LUSTIGE HAND-MUMIEN

EASY HALLOWEEN-DEKO BASTELN

HALLOWEEN

DAS WICHTIGSTE BASTELWERKZEUG HAST DU IMMER BEI DIR: DEINE HÄNDE. DIESMAL SIND SIE DIE VORLAGE FÜR LUSTIGE HALLOWEEN-MUMIEN.

DAS BRAUCHST DU

- Neonpapier
- Bleistift
- Schere
- Tonpapier in Weiß
- Wackelaugen

SO GEHT'S

1

Lege deine Hand mittig auf das Neonpapier. Mit der anderen Hand fährst du nun mit einem Bleistift den Umriss der Hand nach und schneidest diese aus.

TIPP: SPREIZE DIE FINGER NICHT ZU WEIT AUSEINANDER. ES SIEHT SPÄTER BESSER AUS, WENN DER ABSTAND NICHT SO GROß IST.

2

Schneide ca. 1 cm breite Streifen von dem weißen Papier zurecht. Diese müssen nicht gleichmäßig sein.

3

Die Streifen kannst du nun kreuz und quer über die Hand kleben – je wilder, desto besser. Anschließend schneidest du überschüssiges Papier ab, klebst Wackelaugen auf, und schon sind deine Mumien fertig.

HAARIGE HALLOWEEN-SPINNE

WER KRABBELT DENN HIER?

HALLOWEEN

SPINNEN DÜRFEN AN HALLOWEEN NICHT FEHLEN. DIE HAARIGEN KRABBELTIERE EIGNEN SICH SUPER ALS TISCHDEKO. ALTERNATIV KANNST DU SIE AUCH AN EINEM SEIDENEN FADEN VON DER DECKE HÄNGEN LASSEN.

DAS BRAUCHST DU

- Neonpapier in Orange und Grün
- Zirkel
- Schere
- Tonpapier in Schwarz
- Pfeifenputzer in Schwarz
- Wackelaugen
- Kleber

SO GEHT'S

Zeichne mit dem Zirkel auf dem orangefarbenen und grünen Papier mindestens 5 Kreise und schneide diese aus. Sie sollten einen Durchmesser von etwa 5 cm haben. Diese werden in der Mitte gefaltet und zusammengeklebt, damit sie der Spinne später als Körper dienen können.

Falte die Kreise einmal mittig und klebe die Seiten der Halbkreise dann wie auf dem Bild zusammen. Daraus entsteht später der Körper der Spinne.

Aus dem schwarzen Tonpapier schneidest du nun die Unterseite der Spinne aus. Übertrage dafür einen der Kreise auf das schwarze Papier und male noch einen Spinnenkopf dazu. Anschließend kannst du die Form ausschneiden.

Aus den Pfeifenputzern werden die 8 Beine der Spinne. Diese sollten nicht zu kurz sein, damit du sie gut abknicken kannst und du später sowohl Klebefläche als auch Standfläche hast.

HILFE

Nun klebst du zuerst die Beine auf das schwarze Unterteil. Verwende dafür am besten Heißkleber und lasse dir von einer erwachsenen Person helfen. Anschließend wird der Körper aus den Kreisen auf das schwarze Tonpapier geklebt, und fertig ist deine Halloween-Spinne.

GRUSELIGES SKELETT

WENN WATTESTÄBCHEN ZU KNOCHEN WERDEN

HALLOWEEN

JETZT WIRD ES GRUSELIG! BASTELE DIR AUS WATTESTÄBCHEN DIESE SKELETT-BILDER – PERFEKT ALS EINLADUNG FÜR DEINE NÄCHSTE HALLOWEEN-PARTY.

DAS BRAUCHST DU

- Papier in Schwarz
- Wattestäbchen
- Flüssigkleber
- Neonpapier in Pink
- Stift in Schwarz
- Wackelaugen
- Fledermaus-Stanze

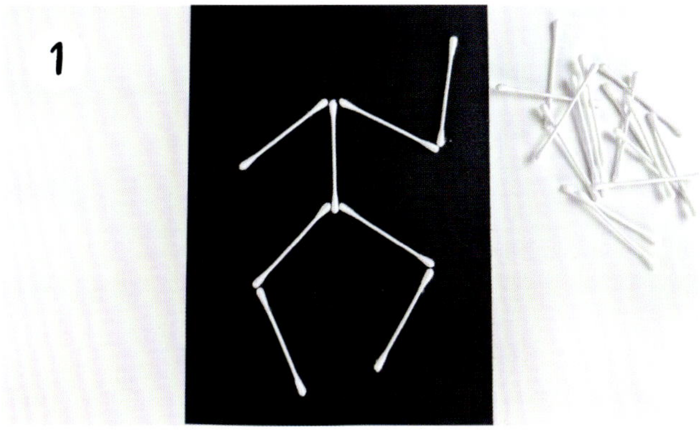

Als Erstes legst du mit den Wattestäbchen grob den Körper deines Skeletts auf das schwarze Papier. Fange dabei bei den Beinen an und arbeite dich dann nach oben.

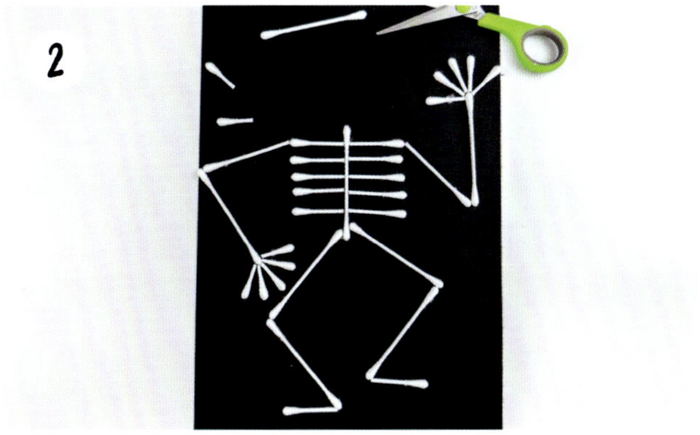

Schneide nun 5 Wattestäbchen in der Mitte auseinander, diese werden die Rippen. Auch für die Finger benötigst du nur die oberen und unteren Enden der Wattestäbchen. Anschließend kannst du dein Skelett auf das Papier kleben.

TIPP: VERWENDE HIER FLÜSSIGKLEBER, SONST KLEBEN KLEINE FUSSELN AUF DEINEM KLEBESTICK.

Den Kopf schneidest du aus dem pinken Neonpapier aus und malst mit einem schwarzen Stift Nase und Mund auf. Nun klebst du noch Wackelaugen auf, damit das Skelett lustiger aussieht. Wenn dein Skelett etwas gruseliger aussehen soll, dann kannst du auch Augen aus schwarzem Papier verwenden. Klebe den Kopf auf das schwarze Papier, und fertig ist dein Skelett.

VARIANTE

WENN DU MAGST, KANNST DU NOCH PINKE FLEDERMÄUSE AUSSTANZEN UND DEIN BILD DAMIT VERZIEREN.

SALZIGE GESPENSTER

MALEN MIT SALZ

EINE KREATIVTECHNIK, DIE EINFACH IMMER SPAß MACHT, IST DAS SALZMALEN. ZU HALLOWEEN KANNST DU SÜßE ODER VIELMEHR SALZIGE GESPENSTER BASTELN.

DAS BRAUCHST DU

- Karton
- Flüssigkleber oder Bastelleim
- Bleistift
- Neon-Wasserfarben
- Salz
- Pinsel
- Wackelaugen

SO GEHT´S

1

TIPP: DER KLEBESTREIFEN SOLLTE NICHT ZU DÜNN SEIN, DAMIT AUCH GENUG SALZ DARAN HAFTEN KANN.

Da Geister keine spezielle Form haben, kannst du deinen Geist entweder direkt mit dem Bastelleim zeichnen oder doch lieber vorher mit einem Bleistift auf dem Karton vorzeichnen.

2

Streue nun direkt Salz auf den flüssigen Kleber. Am einfachsten und präzisesten geht das mit einem Salzstreuer. Lasse den Kleber trocknen und schütte dann das überschüssige Salz ab.

3

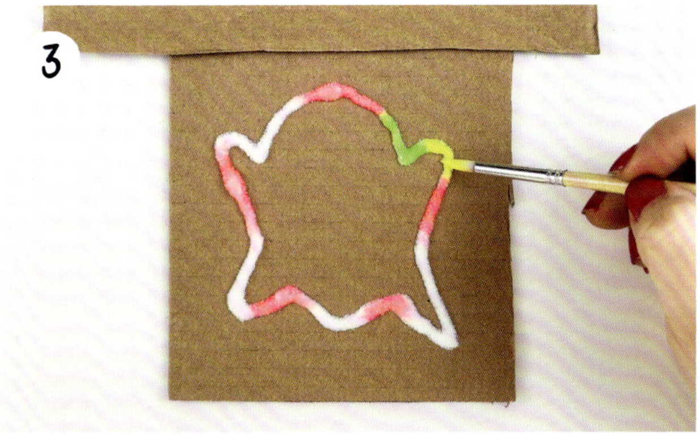

Rühre deine Neon-Wasserfarben an, sie sollten möglichst flüssig sein. Tupfe nun vorsichtig mit dem Pinsel über das Salz. Hierfür kannst du unterschiedliche Farben verwenden. Zum Schluss klebst du noch Wackelaugen auf, und fertig sind deine Salzgespenster.

WINTER

WEIHNACHTEN, SILVESTER UND VALENTINSTAG –
IN DER KALTEN JAHRESZEIT GIBT ES VIELE ANLÄSSE,
DIE ZUM GEMÜTLICHEN BASTELN EINLADEN.

SCHÜTTEL-SCHNEEMANN

AUF DIE PLÄTZE, FERTIG, SCHÜTTELN!

SCHÜTTELBILDER, SCHÜTTELKARTEN, SCHÜTTELANHÄNGER – MIT DIESER TECHNIK WERDEN DEINE KUNSTWERKE ZUM GLITZERNDEN EYECATCHER.

DAS BRAUCHST DU

- Deckel von Chipsdose
- Bleistift
- Tonpapier in Weiß und Blau
- Schere
- Streuglitzer
- Heißkleber
- Neonpapier
- Wackelaugen
- Pompon

SO GEHT'S

1

Als Erstes zeichnest du dir mithilfe des Deckels den Schneemann auf dem weißen Tonpapier vor. Die beiden Kreise sollten sich etwas überlappen.

2

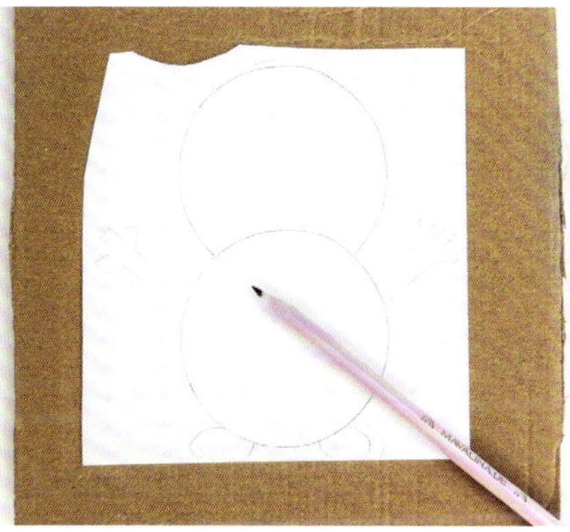

Damit der Schneemann laufen und greifen kann, malst du ihm nun noch Füße und Arme. Anschließend schneidest du ihn aus und legst ihn auf den Tisch.

3

Platziere nun genau mittig das Streuglitzer im Bauch des Schneemanns.

VARIANTE

FÜR EINE KARTE KANNST DU DEINEN SCHNEEMANN NOCH AUF EIN STÜCK TONPAPIER KLEBEN.

4

HILFE

Mit Heißkleber klebst du den Deckel auf den Bauch. Bitte dafür eine erwachsene Person um Hilfe und lasse den Kleber gut trocknen. Nun kannst du deinen Schneemann noch verzieren. Klebe Wackelaugen, Nase und Mütze auf, und schon kann der Schüttelspaß beginnen.

KUSCHELIGER EISBÄR

STEMPELBILDER MIT DER GABEL

DIE GABEL IST NICHT NUR ZUM ESSEN NÜTZLICH, SONDERN AUCH ZUM MALEN UND STEMPELN. EISBÄREN SEHEN SO KUSCHELIG AUS, UND MIT DER GABEL BEKOMMST DU GENAU DIESEN EFFEKT AUFS PAPIER.

DAS BRAUCHST DU

- Papier in Blau
- Bleistift
- Gabel
- Bastelfarbe in Weiß
- Zeitungspapier
- Schere
- Kleber
- Filzstift in Schwarz
- Herz-Stanze
- Neonpapier in Pink
- Pompon in Gelb

1

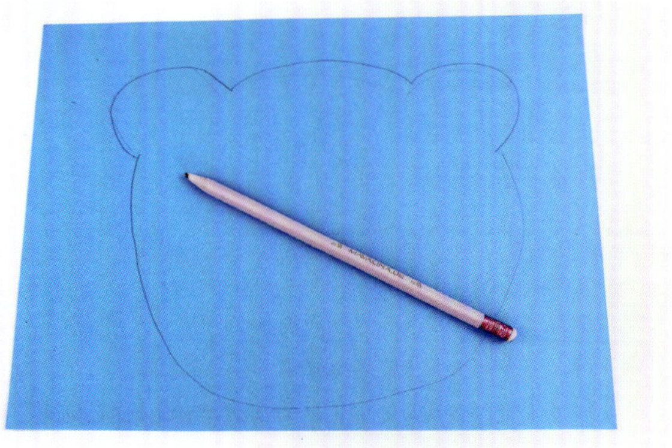

Bevor es losgeht mit der Gabel, malst du dir die Umrisse eines Eisbärenkopfs auf das blaue Papier. Nimm dazu am besten einen Bleistift.

2

Mit der Gabel kannst du nun in die weiße Farbe tauchen und deinen Eisbären stempeln. Fange hierfür am Rand an und arbeite dich dann mit der Gabel immer weiter ins Innere des Kopfes.

TIPP: EIN SCHÖNERES ERGEBNIS BEKOMMST DU, WENN DU BEIM STEMPELN NUR DIE ZACKEN DER GABEL VERWENDEST.

3

Ist der Kopf fertig, schneidest du aus Zeitungspapier Ohren, Augen und Nase aus und klebst diese auf das Gesicht. Zum Aufmalen der Details kannst du einen schwarzen Filzstift verwenden. Vergiss bei der Nase nicht den weißen „Glow-Point". Er lässt das Bärengesicht viel freundlicher aussehen.

4

Noch hübscher sieht dein Eisbär mit einer Herzblume aus. Verwende hierfür entweder eine Herz-Stanze oder schneide die Herzen frei aus Neonpapier aus. Zum Schluss kannst du die Blume noch mit einem gelben Pompon verzieren.

FLAUSCHIGE PAPIER-HANDSCHUHE

BASTELSPAß MIT PAPIERRESTEN

IM WINTER SIND HANDSCHUHE NICHT WEGZUDENKEN. AUS BUNTEN PAPIERRESTEN UND ETWAS WATTE KANNST DU DIESE AUCH GANZ EINFACH BASTELN.

DAS BRAUCHST DU

- Karton
- Bleistift
- Schere
- Neonpapierreste
- Kleber
- Watte

1

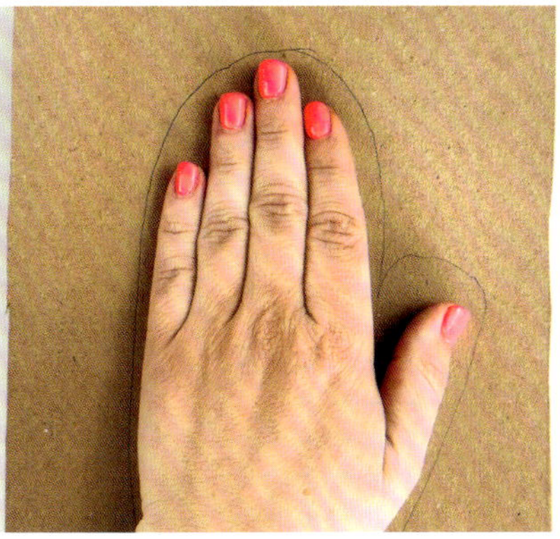

2

Damit der Handschuh etwas größer wird, schnapp dir die Hand von einer erwachsenen Person und fahre diese mit einem Bleistift auf dem Karton nach. Du kannst zwar auch deine Hand als Vorlage verwenden, aber mit einer größeren Hand hast du mehr Klebespaß. Anschließend schneidest du die Hand aus.

Reiße deine Papierreste in kleine Stücke. Platziere die Papierstücke auf dem Handschuh und überlege dir ein schönes Muster. Wenn dir die Anordnung gefällt, kannst du das Papier aufkleben.

TIPP: WENN DU STANZEN ZU HAUSE HAST, KANNST DU Z.B. AUCH KREISE ODER HERZEN STANZEN UND DIESE AUF DEN HANDSCHUH KLEBEN.

3

Sind alle Papierreste fertig aufgeklebt, fehlt nur noch der flauschige Rand. Nimm hierfür die Watte, befestige sie am Rand, und schon ist dein Handschuh fertig.

TIPP: GIB DEN KLEBER NICHT AUF DIE WATTE, SONDERN AUF DEN RAND DES HANDSCHUHS UND DRÜCKE DIE WATTE DANN DARAUF FEST.

LEUCHTENDER PINGUIN

VOM SÜDPOL DIREKT ZU DIR NACH HAUSE

DA DIE REISE ZUM SÜDPOL DOCH ETWAS LANG IST, HOLST DU DIR MIT DIESEM BASTELPROJEKT EINFACH EINEN SÜẞEN, LEUCHTENDEN PINGUIN NACH HAUSE.

DAS BRAUCHST DU

- Klopapierrolle
- Tonpapier in Schwarz
- Klebestreifen
- Schere
- Neonpapier in Orange
- Pfeifenputzer in Neonpink
- Neon-Pompons
- Seidenpapier in Weiß
- Wackelaugen
- Cuttermesser
- Mini-LED-Ballon

1

Umwickle die Klopapierrolle mit dem schwarzen Tonpapier, am oberen und unteren Ende sollte das Papier etwa 2 cm überstehen. Mit etwas Klebeband kannst du das Papier fixieren.

2

Schneide das überschüssige Papier ein, sodass du es besser in die Klopapierrolle hineinklappen kannst.

3

Nun wird der Bauch des Pinguins mit dem Cuttermesser ausgeschnitten. Bitte hierfür eine erwachsene Person um Hilfe. Das herausgeschnittene Papier kannst du verwenden, um die Klopapierrolle auf der Unterseite zu verschließen.

4

Beklebe das Loch mit weißem Seidenpapier.

5

Schneide Flügel, Füßchen und Schnabel aus Tonpapier aus und klebe die Wackelaugen auf.

6

Aus dem Pfeifenputzer formst du ein Herz und klebst es auf den Bauch. Nun fehlen nur noch die Ohrenschützer aus Pompons. Hast du alle Teile befestigt, kannst du das LED-Licht einschalten und in die Rolle legen. Und schon beginnt dein Pinguin zu leuchten.

SCHNEEMANN-BILDER

WINTERLICHER STEMPELSPAß

ES IST WINTER, UND DU WARTEST UNGEDULDIG DARAUF, DASS ES ENDLICH SCHNEIT. MIT DIESER BASTELIDEE KANNST DU DIR MIT EINEM SCHWAMM UND WEIßER FARBE DEINEN SCHNEEMANN GANZ EINFACH INS ZIMMER HOLEN.

DAS BRAUCHST DU

- Schwamm
- Schere
- Bastelfarbe in Weiß
- Pinsel
- Karton
- Wattestäbchen
- Neonpapier
- Kleber
- Wackelaugen
- Stift in Schwarz

1

TIPP: DU KANNST ZUM AUFTRAGEN DER FARBE AUCH EINEN PINSEL ZUR HILFE NEHMEN.

Schneide aus dem Schwamm einen Kreis aus und gib etwas weiße Farbe darauf.

2

Nun stempelst du mit dem Schwamm drei Kreise auf den Karton. Die Kreise sollten sich etwas überlappen, dann bekommst du eine wunderschöne Schneemannfigur.

3

Während die Farbe trocknet, schneidest du aus Neonpapier Hände und Schal aus und klebst diese auf den Schneemann.

4

Verziere deinen Schneemann noch mit einer Nase aus Papier, Augen und Knöpfen, und schon ist er fertig. Wenn du magst, kannst du mit einem Wattestäbchen noch Schneeflocken auf die Pappe tupfen.

OH KLOROLLEN-BAUM!

UPCYCLING-WEIHNACHTSBAUM ALS TISCHDEKO

WEIHNACHTEN

DIE KLOPAPIERROLLE IST EINFACH EIN KLASSIKER UNTER DEN UPCYCLING-MATERIALIEN. DU KANNST DARAUS GANZ EASY DIESE SÜßEN TANNENBÄUME ZAUBERN.

DAS BRAUCHST DU

- Klopapierrolle
- Bleistift
- Schere
- Neonfarbe in Grün
- Schwammtupfer
- Acrylstifte in Dunkelgrün und Braun
- Einlochstanzer
- Karton als Unterlage
- Herzklammern

1

Damit du den Weihnachtsbaum besser zeichnen und ausschneiden kannst, drückst du die Klopapierrolle zu Beginn fest zusammen. Zeichne nun mit einem Bleistift den Umriss eines Weihnachtsbaums auf die Rolle und schneide diesen aus.

TIPP: DER SCHNELLSTE WEG, DEN BAUM ZU ZEICHNEN: MALE 3 DREIECKE, DIE SICH LEICHT ÜBERLAPPEN, UND ERGÄNZE NOCH EINEN STAMM.

2

Bemale die Klopapierrolle mit einem Schwammtupfer mit der grünen Neonfarbe.

3

Wenn die Farbe getrocknet ist, kannst du mit den Acrylstiften noch die Details aufmalen.

4

Ein Weihnachtsbaum benötigt natürlich auch „Kugeln". Dafür kannst du die bunten Herzklammern verwenden. Stanze zuerst mit dem Einlochstanzer kleine Löcher in deinen Baum. Lege dir dabei unbedingt einen dicken Karton unter.

5

Zum Schluss befestigst du noch die Herzklammern als Baumschmuck, und schon ist dein Weihnachtsbaum fertig.

CANDY-HOLDER-WEIHNACHTSKUGELN

SÜßE ANHÄNGER FÜR DEN CHRISTBAUM

WEIHNACHTEN

ALS ICH NOCH EIN KIND WAR, HINGEN BEI UNS AM WEIHNACHTSBAUM IMMER SÜßIGKEITEN. MIT DIESER BASTELIDEE MÖCHTE ICH DIESE TRADITION FORTSETZEN. DIE KUGELN EIGNEN SICH ABER AUCH SUPER ALS GESCHENKANHÄNGER.

DAS BRAUCHST DU

- Halbe Dekokugel aus Plastik
- Bleistift
- Karton
- Gelstifte in Neonfarben
- Schere
- Cuttermesser
- Heißkleber
- Alufolie
- Nadel und Faden

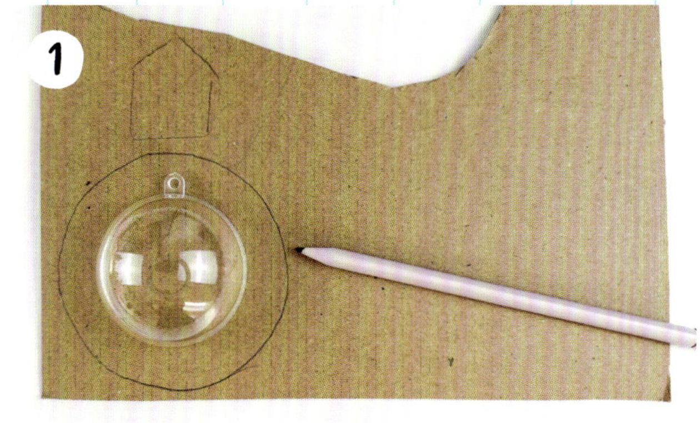

Als Erstens legst du die halbe Plastikkugel auf deinen Karton und zeichnest sie mit einem Bleistift nach. Lass dabei ca. 1,5 cm Abstand zum Rand. Außerdem malst du noch einen Anhänger auf, an dem du später einen Faden befestigen kannst. Scheide nun beide Teile aus.

Bemale die Kugel ganz nach deinen Wünschen mit den Gelstiften.

Anschließend drehst du die Kugel um und malst mittig einen Kreis vor, der etwas kleiner ist als deine halbe Plastikkugel. Der Innenteil wird nun mit einem Cuttermesser ausgeschnitten. Bitte dafür eine erwachsene Person um Hilfe.

Als Nächstes drehst du deine Pappkugel wieder um. Nun wird die Plastikkugel mit Heißkleber auf der Vorderseite befestigt. Bitte dafür eine erwachsene Person um Hilfe.

Jetzt kannst du die Kugel mit Süßigkeiten befüllen und danach mit Alufolie verschließen. Zum Schluss klebst du noch den Aufhänger an die Kugel, fädelst einen Faden zum Aufhängen hindurch, und schon ist deine Candy-Weihnachtskugel fertig.

MARMORIERTE GESCHENKANHÄNGER

TOLLE EFFEKTE MIT RASIERSCHAUM & FARBE

WEIHNACHTEN

PLOTTER

EINE MEINER LIEBSTEN KREATIVTECHNIKEN IST DAS MARMORIEREN. DABEI WIRD JEDES OBJEKT ZUM UNIKAT, UND ES IST IMMER WIEDER SPANNEND ZU BEOBACHTEN, WAS DABEI HERAUSKOMMT.

DAS BRAUCHST DU

- Aquarellpapier in Weiß
- Vorlage **Weihnachtskugeln**
- Bleistift
- Schere
- Breites, flaches Gefäß, z. B. Backblech
- Rasierschaum
- Neonbastelfarben
- Stift
- Duschabzieher
- Karton als Unterlage
- Locher
- Faden

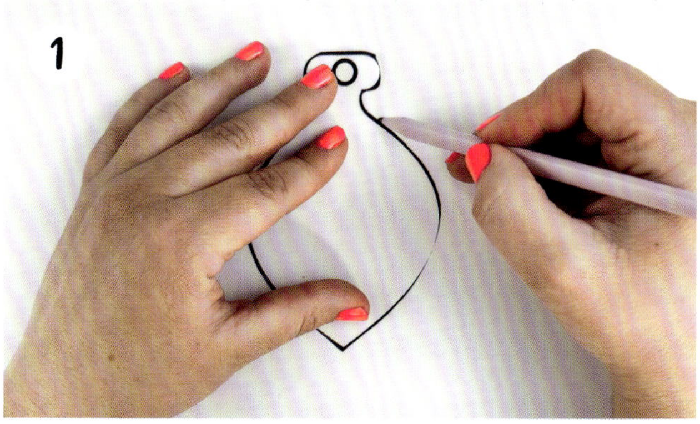

Übertrage die Weihnachtskugeln auf Aquarellpapier und schneide sie aus.

Bevor der Spaß losgeht, benötigst du ein breites, flaches Gefäß, z. B. ein Backblech. In dieses sprühst du nun den Rasierschaum.

Die Neonfarbe kannst du direkt aus der Flasche in den Rasierschaum spritzen und anschließend mit einem Stift leicht verwischen.

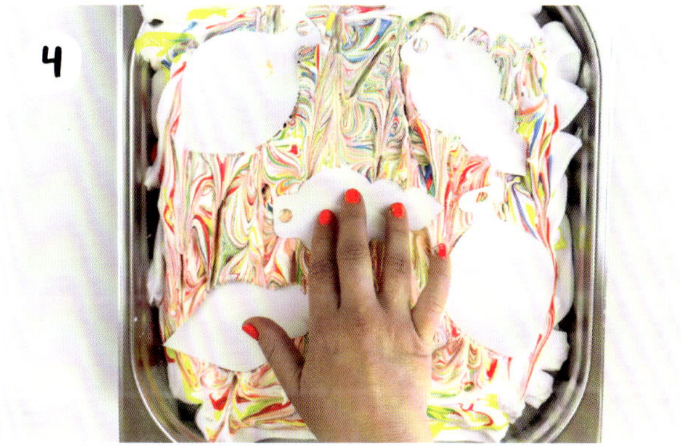

Lege die ausgeschnittenen Kugeln in den Rasierschaum und drücke sie leicht nach unten.

Nun nimmst du die Anhänger nacheinander heraus und ziehst mit dem Duschabzieher den Schaum von den Weihnachtskugeln. Ich hoffe, du bist genauso begeistert von diesem Effekt wie ich. Zum Schluss kannst du noch einen Faden zum Aufhängen anbringen.

TIPP: DAMIT JEDE KUGEL FÜR SICH PERFEKT WIRD, EMPFEHLE ICH DIR, NACH JEDEM ANHÄNGER DEN DUSCHABZIEHER MIT EINEM TUCH ABZUWISCHEN.

SÜSSE LEBKUCHEN-MÄNNCHEN

WAS WÄRE WEIHNACHTEN OHNE LEBKUCHEN?

WEIHNACHTEN

LEBKUCHEN DÜRFEN AN WEIHNACHTEN NICHT FEHLEN. SIE SIND NICHT NUR SUPERLECKER, SONDERN AUCH EINE TOLLE DEKO FÜR DIE WINTERZEIT.

DAS BRAUCHST DU

- Karton
- Vorlage **Lebkuchen**
- Bleistift
- Schere oder Cuttermesser
- Acrylstift in Weiß
- Gelstifte in Neonfarben

SO GEHT'S

Übertrage die Lebkuchenmännchen mithilfe der Vorlage auf Karton.

Nun werden die Figuren ausgeschnitten. Sollte der Karton sehr dick sein, kannst du auch eine erwachsene Person bitten, die Lebkuchenmännchen mit einem Cuttermesser auszuschneiden.

Jetzt wird das erste Highlight gesetzt: die Umrandung. Nimm hierfür einen weißen Acrylstift und male entweder Punkte oder Striche rund um die Figur.

Als Nächstes geht es mit der Dekoration weiter. Hier kannst du dich mit deinen Gelstiften austoben, so wie es dir gefällt. Male Punkte, Striche, Herzen, Sterne sowie ein Gesicht, und schon sind die süßen Lebkuchenmännchen fertig.

VARIANTE

KLEBE EINEN SCHASCHLIKSPIEß AN EIN MÄNNCHEN UND STECKE ES DANACH IN EINEN BLUMENTOPF.

FUNKELNDE WICHTELKARTE

WICHTELIGE WEIHNACHTSGRÜßE

WEIHNACHTEN

PLOTTER

DIE KLEINEN WICHTEL SIND AN WEIHNACHTEN NICHT MEHR WEGZUDENKEN, DESHALB DÜRFEN SIE AUCH IN DIESEM BUCH NICHT FEHLEN. FÜR DEN BART DIESES SÜßEN WICHTELS KOMMT EINE ALTE ZAHNBÜRSTE ZUM EINSATZ.

DAS BRAUCHST DU

- Kraftpapier
- Vorlage **Wichtel**
- Bleistift
- Schere
- Neonpapier
- Bastelfarbe in Weiß
- Zahnbürste
- Flüssigkleber
- Glitzer
- Papier in Schwarz

1

Falte dein Kraftpapier einmal in der Mitte, sodass eine aufklappbare Karte daraus entsteht.

2

Mithilfe der Vorlage schneidest du dir einen Wichtelhut in der Farbe deiner Wahl aus und legst diesen auf die Karte.

3

Bevor du mit der Zahnbürste loslegst, malst du dir den groben Umriss vom Bart des Wichtels vor. Achte hierbei darauf, dass der Bart unten eher spitz zuläuft.

4

Tauche deine Zahnbürste in weiße Farbe und beginne, den Bart zu stempeln. Ich empfehle dir, die Mütze zu entfernen, damit diese nicht aus Versehen weiß wird. Lass die Farbe anschließend gut trocknen.

TIPP: DU BEKOMMST MEHR STRUKTUR IN DEN BART, WENN DU NUR DIE SPITZE DEINER ZAHNBÜRSTE ZUM STEMPELN VERWENDEST.

5

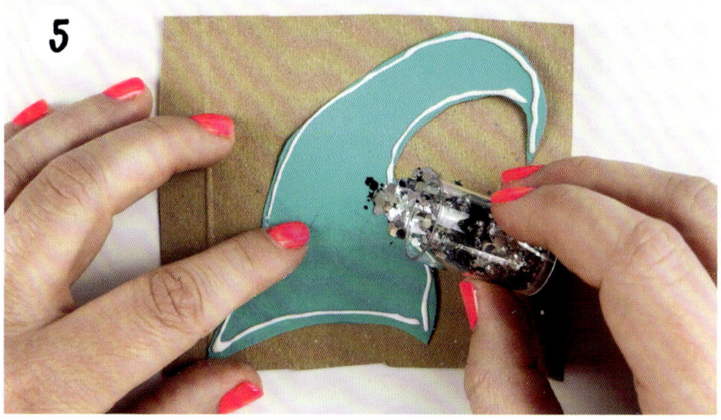

Nun kannst du die Wichtelmütze dekorieren: Umrande sie dafür mit Kleber und bestreue diesen dann mit Glitzer. Zum Schluss scheidest du noch Hände, Nase, Füße und ein Geschenk aus und klebst alle Einzelteile auf die Karte. Viel Spaß beim Verschenken!

SCHWEINCHEN-GLÜCKSBOX

GLÜCK AN DIE LIEBSTEN VERSCHENKEN

SILVESTER

PLOTTER

MIT DIESEM SÜßEN GLÜCKSSCHWEINCHEN KANNST DU DEINEN LIEBSTEN EINE FREUDE MACHEN UND IHNEN GLÜCK FÜR DEN START INS NEUE JAHR WÜNSCHEN.

DAS BRAUCHST DU

- Vorlage **Schweinchen**
- Tonpapier in Rosa
- Bleistift
- Schere
- Wackelaugen
- Kleber
- Stift in Schwarz
- Neonpapier in Pink

Drucke die Vorlage aus und übertrage sie auf das Tonpapier.

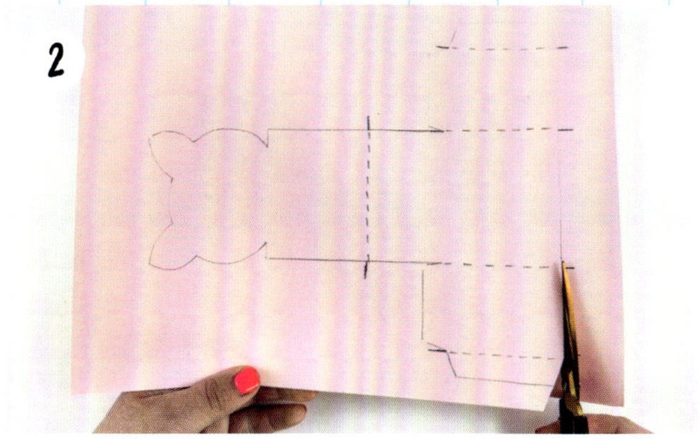

Bevor du die Box ausschneidest, achte darauf, dass du auch die Falzlinien übertragen hast. Somit weißt du später, wo du die Box falten musst.

TIPP: ZEICHNE DIE FALZLINIEN LEICHT MIT BLEISTIFT, DAMIT DU SIE IM ANSCHLUSS BESSER WEGRADIEREN KANNST.

Klebe die Wackelaugen auf und zeichne dem Schweinchen mit einem schwarzen Stift Nase und Mund.

Um die Box zusammenzukleben, faltest du sie an den vorgezeichneten Linien und bestreichst die Laschen der Box mit Kleber. Klappe sie nun Schritt für Schritt zusammen.

Als Highlight kannst du noch ein neonpinkes Herz vorne auf die Box kleben (siehe S. 116) und sie anschließend befüllen. Viel Spaß beim Verschenken.

VARIANTE

DU KANNST AUCH EIN KLEEBLATT, EIN HUFEISEN ODER EINEN ANDEREN GLÜCKSBRINGER AN DIE BOX KLEBEN.

HERZTASCHE ZUM VERSCHENKEN

SÜẞE GRÜẞE ZUM VALENTINSTAG

VALENTINSTAG

OFT SIND ES DIE KLEINIGKEITEN, DIE UNS ALLEN DIE GRÖẞTE FREUDE BEREITEN. MIT DIESER SCHNELL GEMACHTEN HERZTASCHE HAST DU DIE PERFEKTE VERPACKUNG FÜR EINE KLEINE ÜBERRASCHUNG.

DAS BRAUCHST DU

- Neonpapier in deiner Wunschfarbe
- Zirkel
- Schere
- Kleber

SO GEHT'S

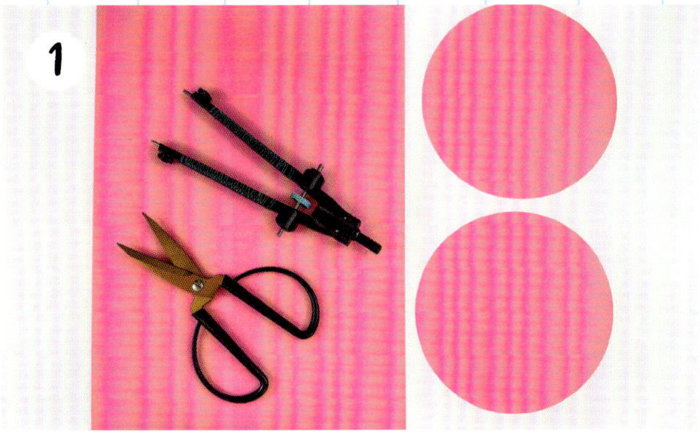

TIPP: DU KANNST AUCH EINE KLEINE SCHÜSSEL ZUM MALEN DER KREISE VERWENDEN.

Male mit deinem Zirkel zwei Kreise auf das Papier und schneide diese aus. Ich habe hier einen Durchmesser von ca. 12 cm gewählt.

Der nächste Schritt ist ganz einfach, denn hier faltest du beide Kreise in der Mitte, sodass zwei Halbkreise entstehen.

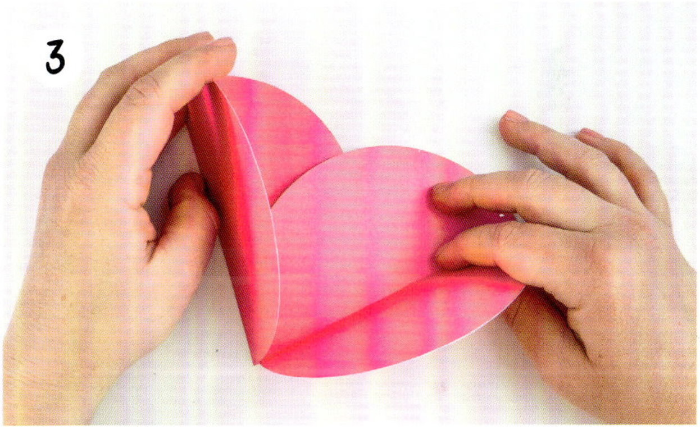

Klappe beide Kreise wieder auf und stecke sie so ineinander, dass die unteren Falzlinien sich berühren. Mit etwas Kleber werden nun die überlappenden Seiten aneinandergeklebt.

Wie auf dem Bild zu sehen, malst du jetzt nur noch links und rechts einen Bogen, den du anschließend abschneidest. Und schon ist deine Herztasche fertig.

Der letzte Schritt ist der schönste, denn jetzt kannst du dir überlegen, was du verschenken möchtest. Perfekt geeignet sind z. B. Schokopralinen, Lollis oder vielleicht etwas Selbstgebasteltes wie ein geknüpftes Armband. Viel Spaß beim Verschenken und Freude bereiten.

NIEDLICHER HERZ-KOALA

EIN GESCHENK VON HERZEN

VALENTINSTAG

PLOTTER

KOALAS GEHÖREN IN MEINEN AUGEN ZU DEN SÜßESTEN TIEREN, DIE ES GIBT. DIESER HERZIGE KOALA IST EIN TOLLES GESCHENK ZUM VALENTINSTAG ODER EINFACH FÜR EINEN MENSCHEN, DEN DU GERN HAST.

DAS BRAUCHST DU

- Vorlage **Koala**
- Papier in Rosa, Hellgrau und Dunkelgrau
- Bleistift
- Schere
- Zirkel oder kleine Schüssel
- Neonpapier in Pink
- Flüssigkleber

Übertrage mithilfe der Vorlage alle Teile auf das hell- und dunkelgraue Papier und schneide diese anschließend aus.

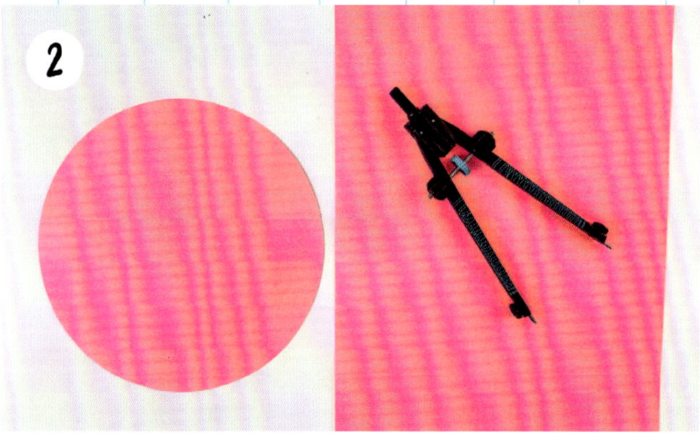

Zeichne mit einem Zirkel oder einer Schüssel einen Kreis auf dein pinkes Neonpapier. Der Kreis sollte etwa die ganze A4-Breite ausfüllen.

Knicke den Kreis bei ungefähr 0,7 mm, drehe diesen um und wiederhole diesen Schritt, bis der ganze Kreis zu einer Ziehharmonika geworden ist.

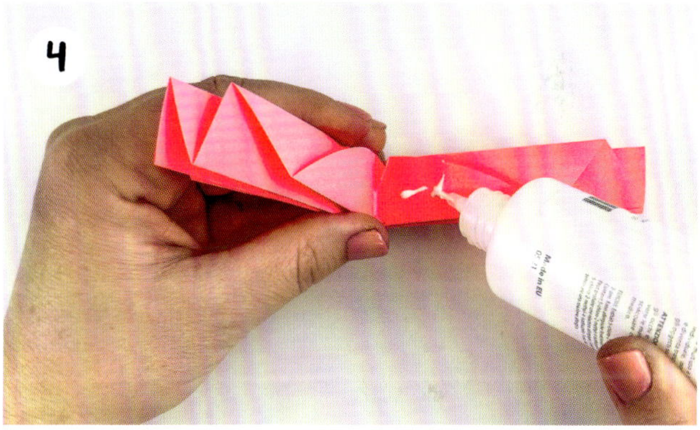

Damit dein Ziehharmonika-Kreis zu einem Herz wird, falte ihn in der Mitte und klebe die beiden Seiten zusammen. Öffne nun vorsichtig das entstandene Herz und bringe es noch etwas in Form.

TIPP: VERWENDE EINEN FLÜSSIGEN KLEBER MIT DÜNNER SPITZE, DAMIT DU DEN KLEBER ORDENTLICH AUFTRAGEN UND DANACH DAS HERZ GUT ÖFFNEN KANNST.

Zum Schluss klebst du alle Einzelteile zusammen. Die Arme werden nur am äußeren Rand angeklebt, denn diese sollen optisch das Herz halten. Und schon ist dein Koala fertig zum Verschenken.

HERZIGER RAUPENGRUSS

SÜßE GRUßKARTE BASTELN

VALENTINSTAG

MANCHMAL MUSS ES EINFACH SCHNELL GEHEN UND SOLL TROTZDEM NIEDLICH UND SELBST GEMACHT SEIN. FÜR GENAU SOLCHE TAGE IST DIE RAUPENGRUß-KARTE DIE PERFEKTE BASTELIDEE.

DAS BRAUCHST DU

- Neonpapier in Pinktönen
- Kraftpapier im A4-Format
- Herzstanze
- Kleber
- Permanentmarker in Weiß
- Filzstift in Schwarz
- Evtl. Wackelaugen

TIPP: SOLLTEST DU KEINE STANZE ZU HAUSE HABEN, FALTE DAS PAPIER IN DER MITTE, MALE EIN HALBES HERZ DARAUF UND SCHNEIDE ES DOPPELLAGIG AUS. SO ENTSTEHT EIN GLEICHMÄßIGES HERZ.

Stanze 5 gleich große Herzen aus dem Neonpapier aus. Das sechste Herz für den Kopf sollte etwas größer sein. Ich empfehle dir für den Raupenkörper immer eine ungerade Anzahl an Herzen, denn das wirkt optisch schöner.

Falte das Kraftpapier in der Mitte. In den inneren Teil der Karte kannst du deinen Gruß schreiben oder etwas malen. Auf die Vorderseite klebst du anschließend etwas überlappend die Herzen auf.

Nun kannst du deine Raupe noch mit Wackelaugen verzieren, ein paar Beine dazumalen, und schon ist der süße Raupengruß fertig.

TIPP: WENN DU NOCH EINEN WEIßEN PUNKTERAHMEN MALST, WIRKT DIE KARTE HELLER, UND DIE RAUPE KOMMT NOCH MEHR ZUR GELTUNG.

VORLAGEN

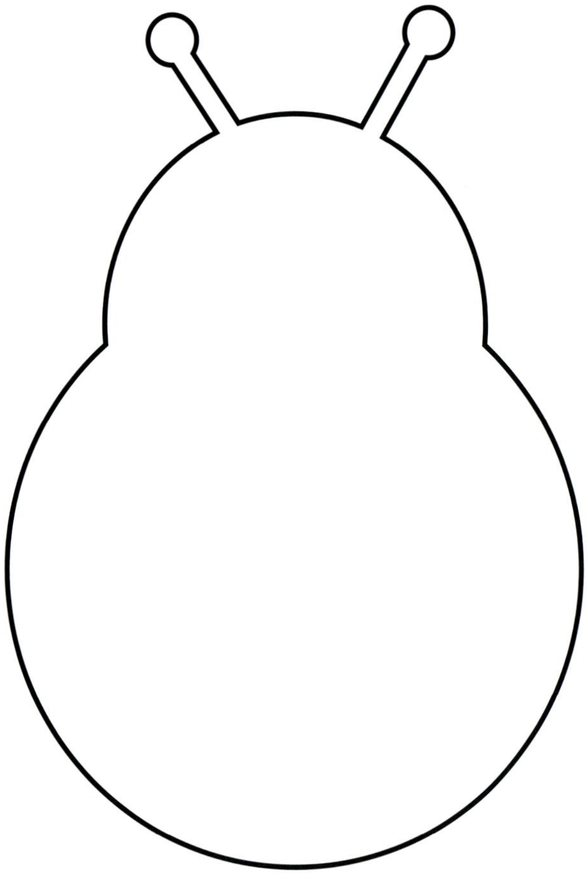

MARIENKÄFER, S. 18

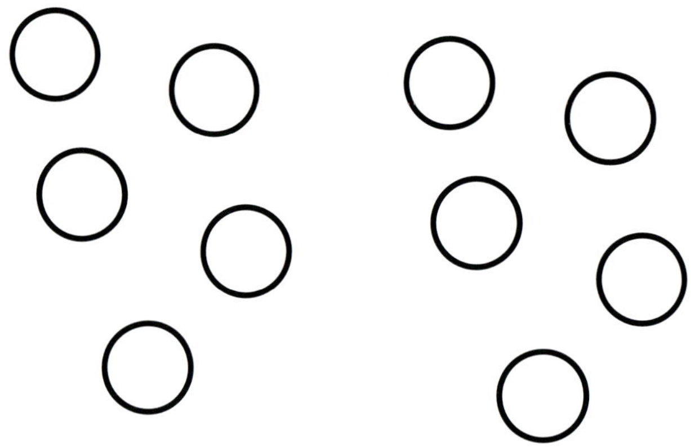

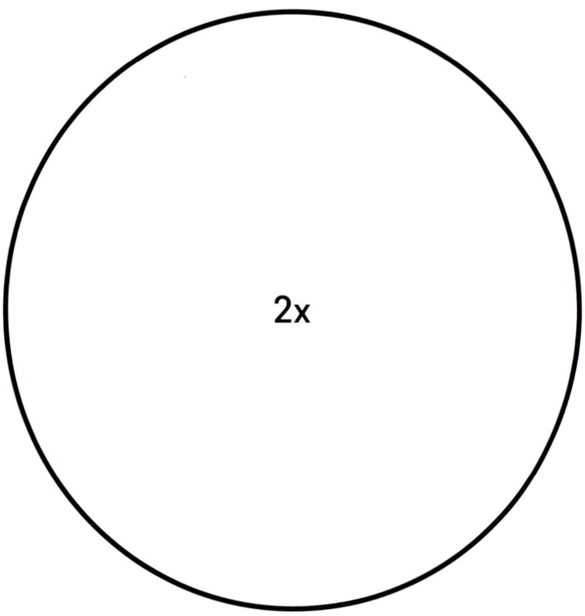

VOGEL, S. 24

LOLLIHALTER, S. 28

HASE, S. 30

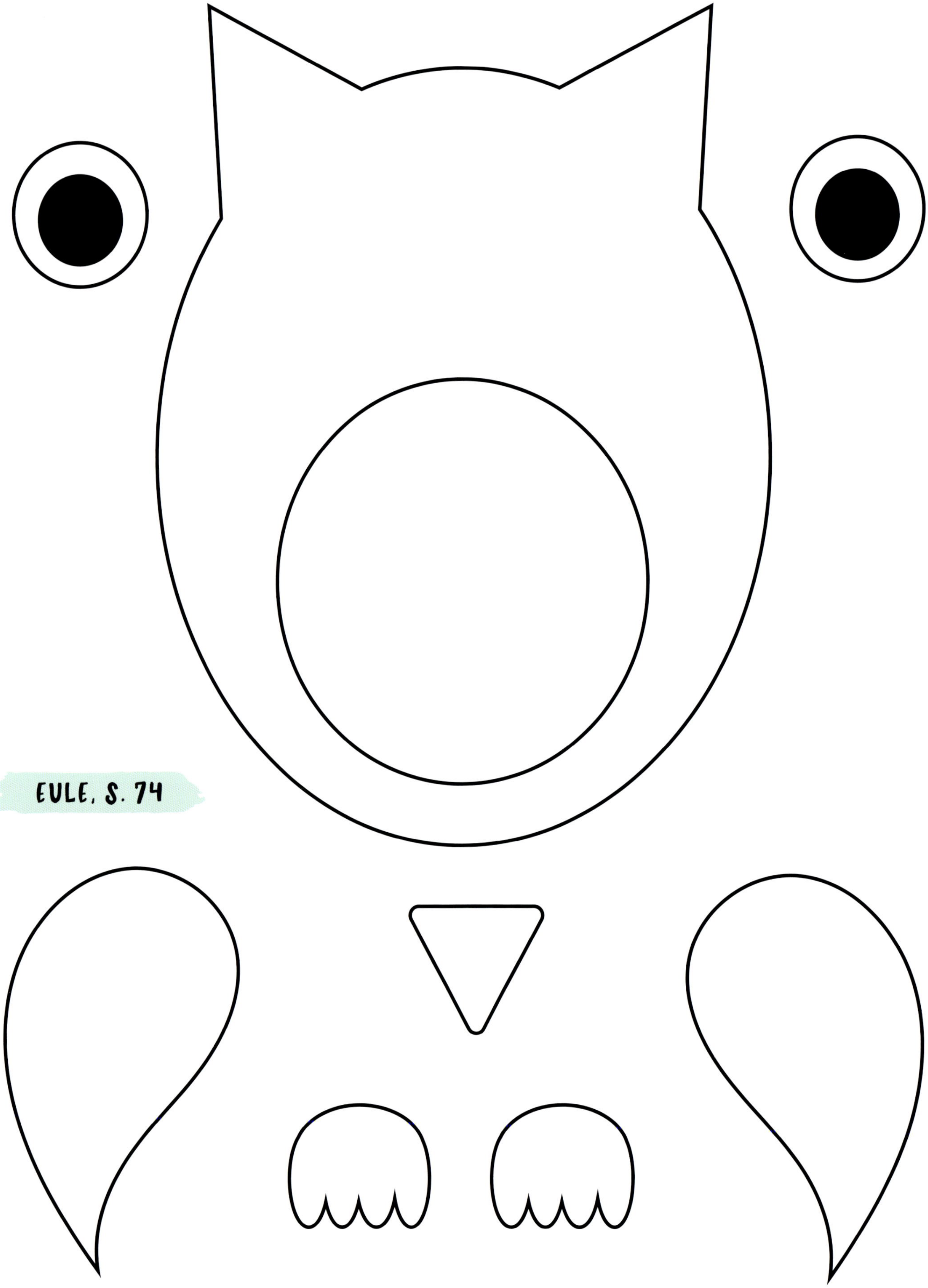

EULE, S. 74

WEIHNACHTSKUGELN, S. 106

LEBKUCHEN, S. 108

WICHTEL, S. 110

KOALA, S. 116

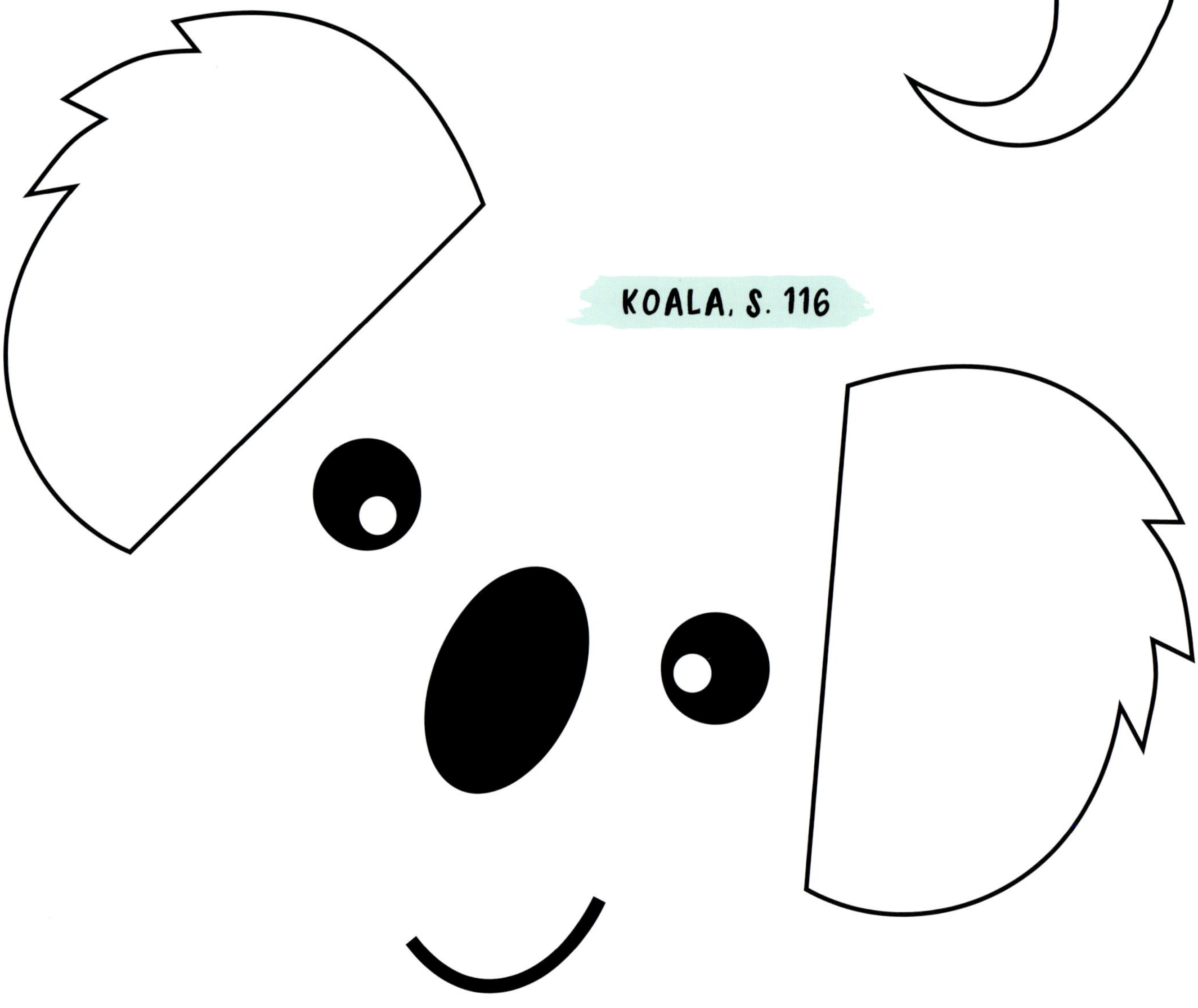

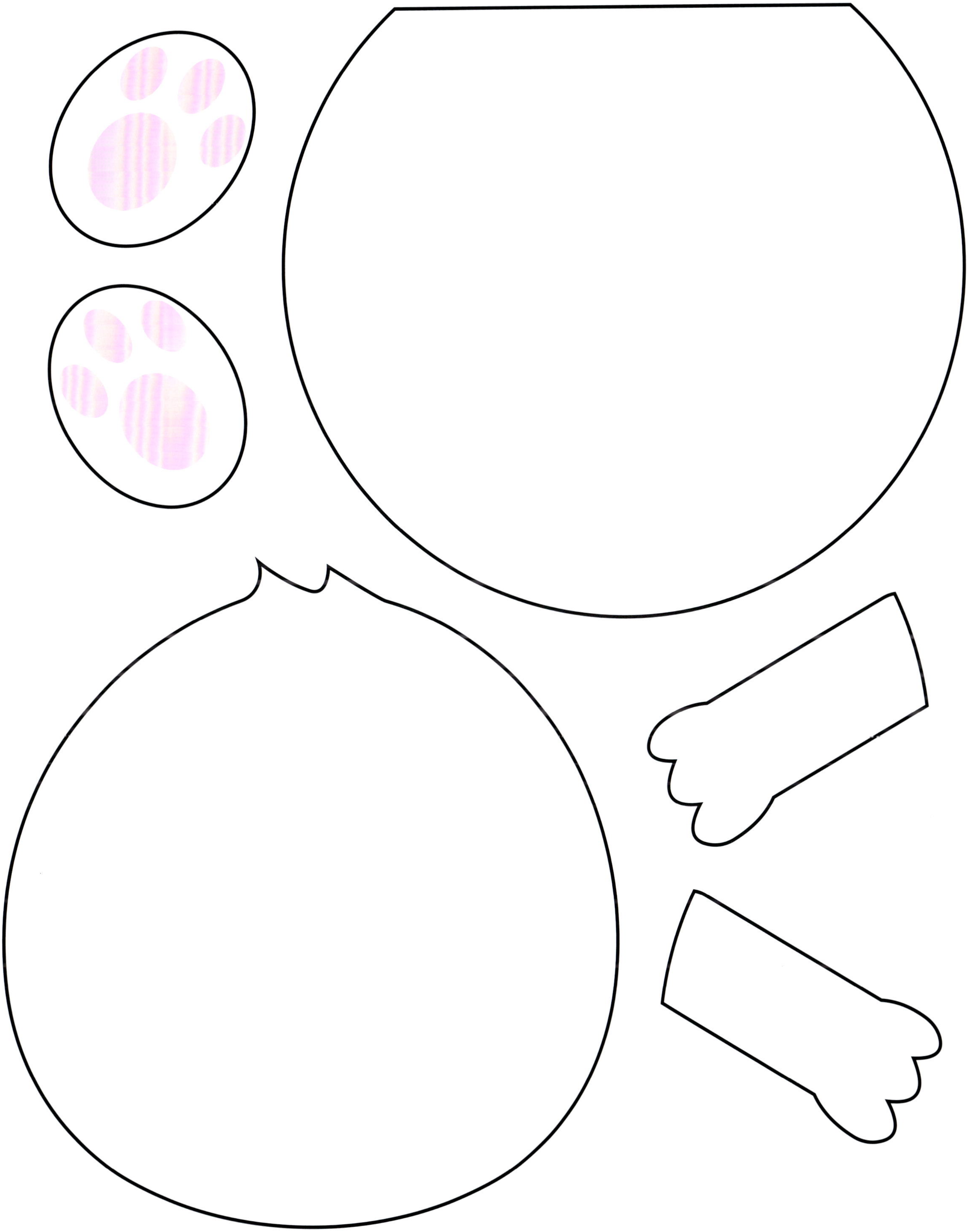

DANKE

Wow, jetzt ist es endlich geschafft. Mein erstes eigenes Buch. Es ist kaum zu glauben, wie viel Arbeit und noch mehr Liebe in allen Projekten und Bildern steckt.

Danke an meine Lektorin Katharina, die mich gefunden und an mich und meine Projekte geglaubt hat.

Ein besonderer Dank geht an meine Mama. Ohne sie hätte ich wohl nie meinen Instagram-Account gestartet und hätte auch nie so viel Zeit gehabt, diesen zu pflegen und nebenbei ein Buch zu schreiben. Danke, du bist die Beste!

Und ein ganz großes Dankeschön geht an meinen Mann und meine Kinder, die immer hinter mir stehen, mich bei diesem Buch von Anfang an unterstützt haben und mir am Wochenende sehr viel Freiraum gelassen haben, um kreativ zu sein.

Danke! Ohne euch wäre das alles nicht möglich gewesen.

HIER FINDEST DU NOCH MEHR BASTELIDEEN UND TIPPS VON MAVALINA.

NOCH MEHR BÜCHER FÜR NEON- & BASTELFANS

88 x Origami Kids – Neon Fun
ISBN 978-3-7459-2338-4
€ 10,00 (D) | € 10,30 (A)

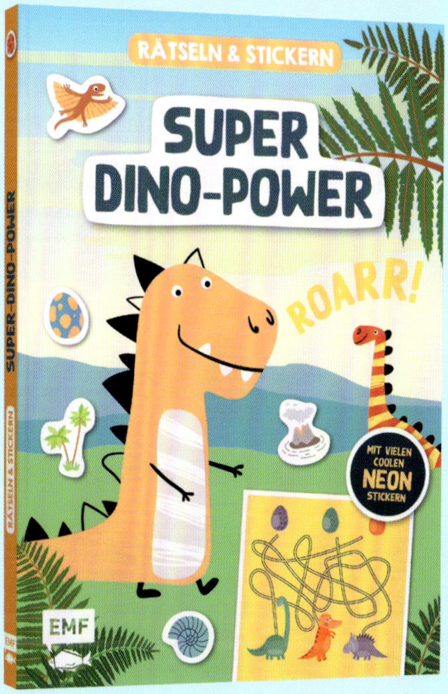

Rätseln und Stickern – Super-Dino-Power
ISBN 978-3-7459-0927-2
€ 5,99 (D) | € 6,20 (A)

Das Bi-Ba-Bastelbuch durchs Jahr
ISBN 978-3-7459-0330-0
€ 14,99 (D) | € 15,50 (A)

XXL Bastelspaß für kleine Kreative
ISBN 978-3-7459-2415-2
€ 18,00 (D) | € 18,50 (A)